PREMIER
LIVRE DE LECTURE

EXTRAIT

DE L'ALPHABET
ET PREMIER LIVRE DE LECTURE

AUTORISÉ

par le Conseil de l'Instruction publique

PRIX : broché, 20 centimes ; cartonné, 25 centimes

PARIS

LIBRAIRIE DE L. HACHETTE ET Cie
RUE PIERRE-SARRAZIN, Nᵒ 14
ET CHEZ FIRMIN DIDOT FRÈRES
Rue Jacob, nᵒ 56

PREMIER LIVRE

DE

LECTURE.

HISTOIRE GÉNÉRALE
DES HOMMES.

⸭

1re LEÇON.

SOURCES DES MALHEURS DU GENRE HUMAIN.

Depuis que les hommes ont été créés, il s'en faut bien qu'ils aient toujours été bons et sages : l'histoire du genre humain ne nous présente que trop d'exemples de folie et de perversité. Dieu, il est vrai, nous a donné une conscience pour nous faire reconnaître le bien et le mal ; mais nous portons en nous des passions qui souvent combattent les bonnes inspirations de notre conscience. Dieu a voulu par là que nous eussions quelque mérite à faire le bien et à éviter le mal. Une autre source des malheurs et des fautes qui se rencontrent dans l'histoire des peuples, c'est l'ignorance. Les hommes sont souvent conduits au mal, parce

1861

1

qu'ils se laissent dominer par la colère, la jalousie, l'ambition, la cupidité; mais combien de fois aussi leurs torts ne sont-ils pas venus d'une éducation mauvaise qui leur avait laissé ignorer les plus simples notions de justice et de sagesse! Ainsi les passions mal dirigées et l'ignorance ont été les deux principales sources des malheurs du genre humain.

2ᵉ LEÇON.

IGNORANCE DES ANCIENS PEUPLES.

Dans une grande partie de l'Asie, les hommes étaient, il y a deux mille ans et plus, assez simples pour croire que le soleil était Dieu, et pour l'adorer. Les *Assyriens*, les *Chaldéens* étaient de ce nombre. En Afrique, les *Égyptiens* poussaient la crédulité jusqu'à se laisser persuader qu'il fallait adorer, comme des divinités, des animaux tels que le crocodile, des oiseaux, les légumes même de leurs jardins. Leur plus grand dieu était un bœuf, qu'ils appelaient *Apis*. Quand il mourait, toute la nation portait le deuil, jusqu'à ce qu'on lui eût trouvé un successeur. En Europe, les *Grecs* et les *Romains*, quoique plus éclairés, adoraient jusqu'au crime même : la débauche, sous le nom de *Vénus;* l'ivresse, sous celui de *Bacchus* et de *Silène*. Il n'est donc pas étonnant qu'ils se soient livrés, dans leur conduite, aux vices dont ils croyaient que les dieux leur donnaient l'exemple. Enfin, les peuples qui ont autrefois habité notre pays, les *Gaulois* et les *Germains*, dont nous descendons, adoraient aussi des dieux farouches, tels que le cruel *Teutatès*, auxquels ils sacrifiaient des victimes humaines.

3ᵉ LEÇON.

LEUR VIE GROSSIÈRE.

Leur ignorance pour le reste n'était pas moins fâcheuse; car les hommes ne surent pendant longtemps ni se construire des maisons, ni se fabriquer des vêtements, ni cultiver la terre. Couverts de la peau des bêtes qu'ils avaient tuées, ils erraient dans les forêts, ramassant quelques glands pour leur nourriture, ou bien des châtaignes, des faînes et d'autres fruits sauvages, n'ayant pour abri qu'un toit de feuillage. Ils ne connaissaient d'autre loi que celle de la force. Plus tard, il est vrai, leurs mœurs devinrent moins grossières : des sages, dont le nom doit toujours être prononcé avec respect, leur enseignèrent des connaissances utiles. *Minos* dans l'île de *Crète*, *Solon* chez les *Athéniens*, *Lycurgue* chez les *Lacédémoniens*, *Numa* chez les *Romains*, établirent des lois pour protéger la faiblesse contre la violence, et pour fonder les familles par les liens sacrés du mariage. Des villes s'élevèrent et reçurent, dans des abris plus commodes, les sauvages habitants des bois. *Cécrops*, venu de l'Égypte en Grèce, apprit aux Athéniens à cultiver l'olivier, à semer et à récolter le blé. *Cadmus*, venu de la

Phénicie, donna aux *Béotiens* les premières connaissances de l'écriture et de la lecture.

4ᵉ LEÇON.

IMPERFECTION DES ARTS DANS L'ANTIQUITÉ.

Les pays mêmes qui eurent le bonheur d'être plus tôt civilisés que les autres, étaient bien loin de la perfection où les arts sont parvenus de nos jours. Toute la science des navigateurs se bornait à suivre de près les côtes ; car ils n'osaient jamais perdre la terre de vue, n'ayant pas de boussole pour se diriger en pleine mer. Il n'y avait pas de voitures publiques pour faciliter les communications, ni de postes pour correspondre les uns avec les autres, ni de machines à vapeur pour centupler les forces humaines. On avait sur l'astronomie des idées si fausses, que la vue d'une éclipse de lune suffisait souvent pour frapper une nation entière d'une grande terreur. La médecine n'était pas plus avancée. Chez les Assyriens, par exemple, quand un homme était malade, on l'exposait publiquement dans la rue, et chaque passant lui indiquait quelque remède qu'il croyait bon pour sa position : c'était là toute la médecine du pays.

5ᵉ LEÇON.

DE L'ESCLAVAGE CHEZ LES ANCIENS.

Dans cet état de barbarie, chez les nations mêmes les plus avancées, un petit nombre d'hommes possédaient tous les biens; les autres, sous le nom d'*esclaves*, réduits à la condition la plus humiliante, travaillaient, souffráient, mouraient, pour satisfaire la fantaisie de leurs tyrans. Voici ce que c'était que l'esclavage. Un homme, devenu esclave, ne devait plus avoir d'autre volonté que celle de son maître; ses enfants mêmes ne lui appartenaient pas : ils étaient, comme lui, la propriété d'un autre homme, et ils tournaient la meule pour écraser le grain. On les traitait souvent comme de vils animaux. Chez les Lacédémoniens, les *Ilotes*, leurs esclaves, étaient battus de verges, lorsque les petits enfants de leurs maîtres avaient mérité cette punition. Chez les Romains, on dressait des esclaves, qu'on appelait *gladiateurs*, à manier l'épée avec habileté, et puis, aux jours de fête, on les amenait devant le peuple assemblé pour le divertir en s'égorgeant les uns les autres. Quelques maîtres poussèrent même la férocité jusqu'à jeter vivants des esclaves dans leurs viviers, pour engraisser leurs poissons, auxquels ils trouvaient alors un goût plus agréable.

6e LEÇON.

BIENFAITS DU CHRISTIANISME.

Parmi les innombrables bienfaits du christianisme, on doit compter l'abolition de l'esclavage. Jésus est venu sauver le monde de cet excès d'opprobre et de misère, en proclamant l'égalité de tous les hommes, comme créés par le même Dieu et sauvés par le même Christ. Depuis ce temps, malheureusement, des peuples chrétiens ont rétabli l'esclavage dans l'Amérique et dans les îles du nouveau monde, en achetant des nègres d'Afrique comme des bêtes de somme, pour les faire travailler, à coups de fouet, soit à l'exploitation des mines d'or ou d'argent, soit à la culture du café, du cacao, de la canne à sucre. A l'heure même où vous lisez ces lignes, un grand nombre de ces malheureux gémissent encore dans l'esclavage ; mais le principe de la liberté universelle a été posé par l'Évangile, il y a dix-huit cents ans, et il s'est développé de siècle en siècle. Le temps approche où cet esclavage des nègres sera complétement aboli, car des lois sévères punissent aujourd'hui les hommes cruels qui voudraient vendre ou acheter la liberté ou la vie de leurs semblables.

7e LEÇON.

PROGRÈS DE LA CIVILISATION DANS LES TEMPS MODERNES.

Combien ne devons-nous pas nous réjouir de vivre dans des temps civilisés ! Le plus petit enfant de nos écoles peut se flatter aujourd'hui de savoir aussi bien lire et surtout mieux écrire que le grand empereur Charlemagne. Je ne parle pas de la supériorité que l'art de la guerre a reçue chez nous ; de l'invention de la poudre, des fusils, des canons. Cette science fera toujours assez de progrès; et si, chez les Grecs *Alexandre*, chez les Romains *César*, chez les Français *Charlemagne*, *Louis XIV* et *Napoléon* n'avaient été que des conquérants; s'ils n'avaient pas fondé des villes, institué des lois, rétabli l'ordre dans les États, je ne citerais pas ici leurs noms. Mais ce ne sont pas là les avantages les plus importants que Dieu nous ait accordés, en nous faisant naître aujourd'hui plutôt qu'en d'autres temps. Si nous étions nés sous *Clovis*, nous aurions trouvé notre pays saccagé par les *Francs* qu'il conduisait au pillage, les campagnes incultes, les hameaux abandonnés. Sous *Charlemagne*, nous aurions été commandés par des maîtres absolus, qui pouvaient tuer un pauvre paysan pour un écu. Sous *Charles VII*, nous aurions vu régner partout la discorde, et les Anglais maîtres de nos plus belles provinces. Contemporains de *Charles IX* et de *Henri IV*, nous aurions vu des massacres inspirés par les discordes religieuses, comme la Saint-Barthélemy, et des guerres civiles de Français contre Français. Sous *Louis XVI*, nous aurions acheté bien cher, par les horreurs et les crimes qui ont accompagné la première révolution, les avantages qu'en a retirés la France.

8ᵉ LEÇON.

AVANTAGES DE NOTRE CONDITION PRÉSENTE.

Aujourd'hui les bons sont devenus trop forts

pour que les méchants leur fassent la loi. La paix et la tranquillité sont l'objet des vœux de toute la France. C'est par elles que nous voyons les progrès de notre prospérité. Nos champs ne sont plus en jachères; l'agriculture les occupe toujours utilement. Le laboureur et l'artisan sont libres comme le duc et pair; ils sont soumis aux mêmes lois. Des canaux sont ouverts partout pour la commodité du commerce. Des ponts s'élèvent sur toutes les rivières; des écoles sont fondées dans toutes les communes, pour que tous les Français reçoivent une instruction digne d'eux, et qu'il n'y ait plus, à cet égard, de distinction injuste entre le riche et le pauvre. En un mot, l'instruction est plus répandue dans toutes les classes : l'homme est plus éclairé, meilleur et plus heureux. Les guerres sont plus rares et moins désastreuses; les crimes sont aussi moins fréquents. Tout enfin nous fait espérer que nous laisserons à nos descendants une histoire moins sanglante que celle de nos pères.

GÉOGRAPHIE.

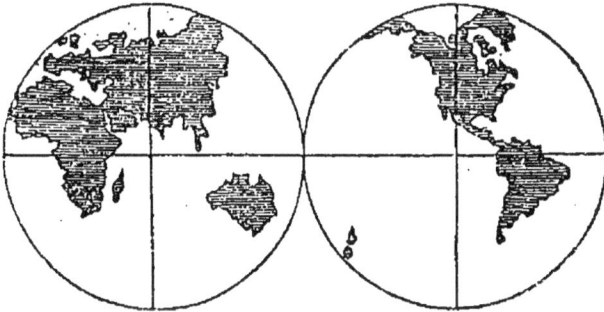

9e LEÇON.

OBJET DE CETTE SCIENCE.

Ce n'est pas seulement dans le pays que nous habitons, c'est sur toute la terre que nous voyons insensiblement le sort des hommes devenir chaque jour meilleur. Vous savez, mes enfants, qu'au delà de votre hameau se trouve une ville voisine, qu'au delà de cette ville il en est d'autres encore jusqu'aux limites de la France; qu'au delà de la France il y a bien d'autres peuples qui ne parlent pas la même langue que vous, mais qui ont les mêmes devoirs, les mêmes besoins que vous. Nous pouvons connaître leur histoire par les livres anciens et par les récits des voyageurs qui les ont visités. Ces livres et ces récits servent aussi à nous faire connaître l'étendue des pays qu'ils occupent, leur position, le nombre de leurs villes, les fleuves, les rivières, les montagnes qui se trouvent sur leurs territoires. La science qui nous apprend toutes ces choses a reçu le nom de *Géographie*, ou description de la terre. Pour l'étudier, on se sert ordinairement de *globes* et de *cartes* appelées *géographiques*.

10ᵉ LEÇON.

LA TERRE, SA FORME, SA NATURE.

La terre est ronde ; un voyageur qui ferait une lieue par heure et qui marcherait jour et nuit, emploierait trois cent soixante-quinze jours, c'est-à-dire un an et dix jours pour en faire le tour.

Les voyageurs ne peuvent aller ainsi en ligne directe, parce que les chemins s'y refusent, et qu'il faut passer tantôt sur la terre et tantôt sur la mer. Ordinairement on reste deux et même trois ans à faire ce voyage par mer, parce qu'on est obligé de faire de longs détours et de s'arrêter en différents lieux. Souvent aussi sur mer on est contrarié par les vents.

Les Indiens s'imaginent que la terre est portée par un grand éléphant blanc, et que cet éléphant s'appuie sur une immense tortue, laquelle nage dans une mer de lait. Mais on ne trouverait pas en France un esprit assez simple pour croire à de semblables rêveries. Bien des voyageurs ont fait le tour du monde dans toutes les directions, et l'on est sûr à présent que la terre tourne dans l'espace, comme une boule sur laquelle se promèneraient en tous sens des insectes presque imperceptibles.

Et de même qu'on verrait cette boule tourner en s'avançant, de même le globe de la terre tourne sur lui-même en un jour, tandis qu'en un an il achève son voyage ou sa révolution autour du soleil.

La terre est formée d'une masse solide, recouverte sur les trois quarts de sa surface par les eaux de la mer, et tout autour du globe se trouve une couche d'air d'environ six myriamètres d'épaisseur qu'on nomme *atmosphère*.

On a trouvé que la chaleur s'accroît à mesure qu'on creuse plus avant dans le sol; ce qui a porté quelques savants à croire que l'intérieur du globe est dans un état de fusion, et que sa surface n'est qu'une croûte refroidie.

11ᵉ LEÇON.

PÔLES, ÉQUATEUR, DEGRÉS, POINTS CARDINAUX.

Quoique la terre soit ronde en général, elle est un peu aplatie vers les deux extrémités ou *pôles* de l'axe autour duquel elle tourne. On imagine sur la surface terrestre de grands cercles qui viennent tous passer par les pôles : on les nomme *méridiens*. Un autre grand cercle les coupe à égale distance des deux pôles : c'est l'*équateur*. Des cercles plus petits, dirigés comme ce dernier, se nomment *parallèles*. Tous ces cercles, grands ou petits, se divisent en trois cent soixante degrés. Les degrés de longitude se comptent sur l'équateur et les parallèles; ceux de latitude, sur les méridiens.

Pour trouver aussi plus aisément la position des différents pays, on a distingué quatre points opposés deux à deux. On les appelle *points cardinaux*.

Le *levant*, *orient* ou *est*, est le point où le soleil se lève.

Le *couchant*, *occident* ou *ouest*, est celui où il se couche.

Le *sud* ou *midi*, celui où il se trouve à égale distance de son lever et de son coucher.

Le *nord* ou *septentrion*, celui qui est opposé au sud.

Quand on regarde le soleil à midi, on a le *levant* à gauche, le *couchant* à droite, le *sud* en face, et le *nord* par derrière.

12ᵉ LEÇON.

CONTINENTS, MERS, ÎLES ET LACS.

Les *continents* sont les grandes portions de la surface solide de la terre. Une *île* est un espace de terre entouré d'eau de tous côtés. Une *mer* est une vaste étendue d'eau. Un *lac* est une grande étendue d'eau environnée par les terres.

Quand un espace de terre ne tient au continent que par une partie peu étendue, il s'appelle *presqu'île* ou *péninsule*, et la partie par laquelle il se trouve joint au continent se nomme *isthme*.

Le contour des terres se nomme les *côtes* ou le *littoral*. Lorsque ces côtes sont comme échancrées par les eaux de la mer, cette échancrure s'appelle un *golfe*. Lorsqu'au contraire la côte s'avance dans la mer, cette pointe de terre se nomme *cap*.

Indépendamment du continent que nous habitons, il y en a deux autres, découverts depuis trois siècles et demi, et qui forment ce qu'on appelle le *nouveau monde*.

13ᵉ LEÇON.

SUITE DES CONTINENTS, MERS, ÎLES ET LACS.

L'ancien continent se divise en trois parties : l'Europe (celle où nous vivons), l'Asie et l'Afrique.

Le nouveau monde comprend l'*Amérique* et un autre continent nommé la *Nouvelle-Hollande*, sans compter une foule de petites îles situées dans l'*Océan*. On appelle ainsi la vaste mer qui couvre la plus grande partie du globe.

Les plus grandes îles sont :

La *Grande-Bretagne* et l'*Irlande*, au couchant de l'Europe, habitées par le peuple anglais ; la *Sicile* et la *Sardaigne*, entre l'Europe et l'Afrique ; l'*Islande*, pays glacial, et *Terre-Neuve*, renommée par la pêche de la morue, au nord de l'Amérique ; *Madagascar*, au sud de l'Afrique ; le *Japon*, au levant de l'Asie ; *Sumatra*, *Java* et *Bornéo*, entre l'Asie et la Nouvelle-Hollande.

Le *grand Océan*, ou *océan Pacifique*, est entre l'Asie, la Nouvelle-Hollande et l'Amérique ; l'*océan Indien*, entre l'Asie, la Nouvelle-Hollande et l'Afrique ; l'*océan Atlantique*, entre l'Europe, l'Afrique et l'Amérique.

Les grands lacs sont ceux de *Ladoga* et d'*Onéga*, dans la Russie d'Europe ; la mer *Caspienne*, en Asie ; le lac *Tchad*, en Afrique ; dans l'Amérique, les lacs *Ontario*, *Supérieur*, etc.

14e LEÇON.

MONTAGNES.

Les montagnes sont rarement isolées ; elles sont placées à la suite les unes des autres, et forment des *chaînes de montagnes.*

Les chaînes principales sont les *Alpes*, qui séparent l'Italie de la France et de l'Allemagne ; les *Apennins*, en Italie ; les *Pyrénées*, entre la France et l'Espagne ; les *Carpathes*, entre la Pologne et la Hongrie ; les monts *Ourals*, qui séparent l'Europe de l'Asie ; le *Caucase*, entre la mer Noire et la mer Caspienne ; les monts *Altaï*, entre la Sibérie et la Tartarie ; les monts *Himâlaya*, au nord de l'Inde ; l'*Atlas*, au nord de l'Afrique ; enfin la *Cordillère des Andes*, qui parcourt l'Amérique du sud au nord.

Dans l'ancien monde, les grandes chaînes sont presque toutes dirigées du levant au couchant ; mais dans le nouveau monde elles vont du nord au sud.

Le mont Blanc, dans les Alpes, est la plus haute montagne de l'Europe ; elle s'élève à quatre mille huit cents mètres au-dessus de la mer. La plus haute montagne mesurée dans les Andes est le Sorata, de sept mille sept cents mètres. Dans l'Himâlaya, on trouve des montagnes qui ont jusqu'à sept mille huit cent vingt mètres.

15e LEÇON.

GRANDS FLEUVES.

Du pied des montagnes coulent des sources qui, en

se réunissant, forment des *ruisseaux*. La réunion des ruisseaux forme les *rivières*. Si une rivière considérable porte ses eaux dans une mer, on la nomme *fleuve*.

En Europe, les fleuves les plus considérables sont le *Danube*, qui se rend dans la mer Noire, après avoir traversé l'Allemagne, la Hongrie et la Valachie; et le *Volga*, qui traverse la Russie pour se jeter dans la mer Caspienne.

En Asie, il y a plusieurs grands fleuves. Les principaux sont ceux qui coulent des monts Altaï dans la mer Glaciale; le *fleuve Jaune* et le *fleuve Bleu*, qui arrosent la Chine; le *Gange* et l'*Indus*, qui coulent de l'Himâlaya; le *Tigre* et l'*Euphrate*, qui partent du Caucase et se réunissent avant de se jeter dans le golfe Persique.

En Afrique, on remarque le *Nil*, qui sort des monts de la Lune et qui arrose l'Abyssinie, la Nubie et l'Égypte; le *Niger*, dont l'embouchure, longtemps ignorée, est au golfe de Bénin; le *Zaïre* ou *Congo*.

L'Amérique est remarquable par l'étendue des fleuves qui arrosent ses vastes plaines : il y a, au nord le *Saint-Laurent*, qui prend sa source près du lac *Ontario*, et se jette dans le golfe appelé de son nom *golfe de Saint-Laurent;* le *Mississipi*, qui se jette dans le *golfe du Mexique;* au sud, l'*Orénoque*, qui traverse la Colombie; l'*Amazone*, le plus grand fleuve du monde; la *Plata*, dont la largeur est telle, à son embouchure, qu'elle ressemble plutôt à un bras de mer qu'à un fleuve. Tous ces fleuves vont porter leurs eaux dans l'océan Atlantique.

16ᵉ LEÇON.

L'EUROPE.

L'Europe est la partie du monde la plus civilisée. Là fleurissent les sciences, la littérature et les beaux-arts. Le sol, couvert de villes populeuses, est cultivé avec soin. On y trouve beaucoup de routes et de canaux. De nombreuses fabriques et manufactures ont enrichi les Européens. Le commerce leur a ouvert toutes les contrées du globe. Leurs armées sont les mieux disciplinées, les plus braves, et leurs vaisseaux naviguent sur toutes les mers.

Le climat est froid dans la partie nord de l'Europe, qui comprend la *Norvége*, la *Suède*, et une portion de la *Russie*. Tout au nord se trouvent les *Lapons* et les *Samoïèdes*, formant la race la plus petite du genre humain.

L'Europe se termine au sud par trois presqu'îles qui jouissent d'un climat très-agréable. La première comprend l'*Espagne* et le *Portugal;* la seconde, l'*Italie;* la troisième, la *Turquie* d'Europe et la *Grèce*.

L'Europe a un grand nombre de mines de fer; elle possède aussi de riches mines de plomb, de cuivre et d'étain, des houillères et des carrières de marbre. Les animaux féroces, tels que les ours et les loups, y sont rares. Il y a même des pays où ils ont été totalement détruits.

17ᵉ LEÇON.

L'ASIE.

L'Asie est quatre fois plus grande que l'Europe. Elle s'étend des environs du pôle jusqu'à l'équateur. Elle est divisée en trois bandes par les chaînes de l'Altaï et de l'Himâlaya. Au nord de l'Altaï se trouve la *Sibérie*, long désert que la neige et les glaces recouvrent pendant neuf ou dix mois de l'année, et entre ces deux chaînes de montagnes, la *Tatarie*, vaste plaine recouverte de sable et de pâturages, habitée par de nombreuses peuplades errantes; enfin, au midi de l'Himâlaya, sont les riches presqu'îles de l'*Inde;* sur la gauche, les déserts sablonneux de l'*Arabie*, et sur la droite, l'antique et populeux empire de la *Chine*.

L'Asie nourrit des chameaux, des éléphants, des lions, des tigres et des serpents. Les dattes, l'encens et le café sont les produits de l'Arabie; le cocotier, l'indigotier, la canne à sucre et le cannellier croissent dans l'Inde; la Chine produit abondamment du riz et du thé. L'Asie méridionale fournit des pierres précieuses, et les perles sont pêchées dans les mers qui l'avoisinent.

Le genre humain est originaire de l'Asie. C'est là qu'ont existé les premières et les plus grandes monarchies. Mais depuis longtemps la civilisation y a décliné, tandis qu'elle faisait des progrès en Europe.

18ᵉ LEÇON.

L'AFRIQUE.

Quand on aborde en Afrique du côté de la Médi-

terranée, on gravit d'abord des collines assez fertiles situées au pied de l'Atlas, et après avoir franchi cette haute chaîne de montagnes, on arrive dans l'immense désert de *Sahara*, qui a mille lieues de long sur deux ou trois cents lieues de large. C'est un plateau sablonneux, privé d'eau et de verdure, brûlé par une chaleur ardente. Au delà se trouvent les pays arrosés par le Niger : les voyageurs européens n'ont point encore pénétré plus avant dans l'intérieur de l'Afrique; on ne connaît guère que les côtes de ce continent, qui est trois fois plus étendu que l'Europe. Il est habité par la race nègre, encore ignorante et sauvage.

L'Afrique renferme beaucoup d'animaux féroces, tels que le lion, le tigre, l'hyène, le chacal. Ses fleuves nourrissent d'énormes crocodiles, et ses forêts recèlent le serpent boa. On y trouve encore l'éléphant, l'hippopotame, la girafe, le buffle, le chameau, et des oiseaux très-remarquables, tels que l'autruche et le perroquet.

Les Européens vont chercher en Afrique l'ivoire et la poudre d'or.

19ᵉ LEÇON.

L'AMÉRIQUE.

Il y a environ trois siècles et demi que l'Amérique fut découverte par les Espagnols, sous la conduite d'un navigateur génois, nommé Christophe Colomb. A cette époque, il y avait en Amérique deux empires remarquables par leur civilisation : celui du *Mexique*, qui fut subjugué par Cortès; et celui du

Pérou ou des Incas, dont la conquête fut faite par Pizarre. Les Espagnols prirent encore possession des pays qui forment aujourd'hui la *Colombie*, le *Chili* et le *Paraguay*. Les Portugais s'emparèrent des vastes contrées du *Brésil*. Les Anglais s'établirent aux *États-Unis*, qui depuis se sont rendus indépendants de l'Angleterre et ont formé une république, dont les principales villes sont *New-York*, *Boston*, *Philadelphie*. Les Français s'établirent dans le *Canada*.

Les anciens habitants de l'Amérique furent d'abord réduits au plus cruel esclavage; la barbarie et la cupidité des Espagnols n'en épargnèrent qu'un petit nombre; et il n'existe plus de peuplades indépendantes que dans les régions situées aux deux bouts de l'Amérique.

L'Amérique, surtout au Pérou et dans la Californie, est très-riche en mines d'or et d'argent. Les animaux y sont de petite taille. Le climat y est généralement plus froid qu'en Europe et en Afrique; il s'y trouve beaucoup de plaines marécageuses. Les pommes de terre ont été importées d'Amérique en Europe, et la culture de cette plante rend désormais impossibles les famines qui autrefois ont désolé l'Europe. La pâte sucrée composée avec le cacao, connue sous le nom de *chocolat*, et qui vient du Mexique, a été introduite en Europe l'an mil cinq cent vingt.

20ᵉ LEÇON.

L'OCÉANIE.

L'Océanie comprend la *Nouvelle-Hollande* ou *Aus-*

tralie, et toutes les *îles du grand Océan*. La Nouvelle-Hollande est une île qui a la même étendue que l'Europe ; mais les Européens en connaissent à peine le contour et n'ont point encore pénétré dans l'intérieur. Cependant les parties explorées semblent promettre des richesses qui égaleront, si elles ne les surpassent, celles de la Californie. On apprend, chaque jour, que de nouvelles mines d'or ont été découvertes en Australie, et des émigrants en très-grand nombre, venant surtout de l'Irlande, ont déjà sensiblement accru la population des villes qui bordent les côtes orientales de cette vaste contrée. C'est à Botany-Bay, tout près de Sydney, la capitale du pays, que l'Angleterre déporte ses condamnés.

Les îles situées entre l'Asie et la Nouvelle-Hollande sont au pouvoir des Portugais, des Anglais et des Hollandais. Les naturels du pays sont de la race *malaise*, connue par sa perfidie et sa férocité.

Les mœurs sont plus douces parmi les habitants des îles placées entre la Nouvelle-Hollande et l'Amérique. Les plus remarquables de ces îles sont la *Nouvelle-Calédonie*, dont la France a pris possession en 1853, et les îles *Sandwich* et de la *Société* où les Anglais ont introduit la religion chrétienne et les usages des Européens.

21e LEÇON.

PAYS PRINCIPAUX.

Les principaux pays sont :

En *Europe* : le Portugal, l'Espagne, la France, la Suisse, l'Italie, la Belgique, la Hollande, l'Angleterre, l'Écosse, l'Irlande, la Norvége, la Suède, le Danemark, la Prusse, le Hanovre, la Bavière, le Wurtemberg, la Saxe, la Bohême, l'Autriche, la Hongrie, la Pologne, la Russie, la Turquie et la Grèce.

En *Asie :* l'Anatolie, la Syrie, l'Arabie, la Perse, les deux Indes, le Tibet, la Chine, le Japon, la grande Tatarie et la Sibérie.

En *Afrique :* l'Égypte, la régence de Tunis, la Nubie, l'Abyssinie, l'Algérie, le Maroc, le Sénégal, la Guinée, le Congo, la Cafrerie, et un grand nombre de contrées inconnues, habitées par des peuples sauvages.

Dans l'*Amérique du Nord :* le Canada, les États-Unis, le Mexique, le Guatémala.

Dans l'*Amérique du Sud :* la Colombie, le Pérou, Bolivia, le Chili, le Paraguay, Buénos-Ayres et le Brésil.

Ces pays forment des monarchies ou des républiques plus ou moins considérables, ou même n'ont aucune forme de gouvernement régulier.

Les pays voisins des pôles sont très-froids; les pays placés sous l'équateur sont très-chauds; les autres sont tempérés.

22ᵉ LEÇON.

FRANCE.

Au nord de la France est la Belgique; un bras de mer appelé la Manche nous sépare de l'Angleterre. Au levant sont l'Allemagne, la Suisse et l'Italie; au midi, la Méditerranée et l'Espagne; au couchant, l'océan Atlantique.

La France est divisée en quatre-vingt-neuf *départe-ments*. Chaque département est partagé en *arrondis-sements*. Chaque arrondissement est divisé en plu-sieurs *cantons*, qui comprennent chacun un certain nombre de *communes*. Il y a environ quarante mille communes dans toute la France.

Un département est administré par un *préfet;* un arrondissement, par un *sous-préfet;* une commune, par un *maire*.

La population de la France est d'environ trente-trois millions d'habitants.

Les principaux fleuves qui arrosent la France sont : le *Rhin*, entre ce pays et l'Allemagne; le *Rhône*, qui prend sa source dans les montagnes de la Suisse, et passe en France à Lyon, à Vienne, à Avignon, à Arles; il se jette dans la Méditerranée au golfe de Lion; la *Garonne*, qui prend sa source dans les Pyrénées et passe par Toulouse, Agen, Bor-deaux; elle se joint à la *Dordogne*, et forme avec elle la *Gironde;* son embouchure est dans l'océan Atlantique; la *Loire*, qui prend sa source dans les Cévennes, et passe par Nevers, Orléans, Blois, Tours et Nantes; son embouchure est dans l'océan Atlan-tique; enfin la *Seine*, qui prend sa source en Bour-gogne, traverse Troyes, Paris, Rouen, le Havre, et va se jeter dans la Manche.

Des chaînes de montagnes environnent la France de deux côtés. Au midi se trouvent les *Pyrénées* et les *Cévennes;* au levant, les *Alpes*, le *Jura*, les *Vosges* et les *Ardennes*.

HISTOIRE NATURELLE.

23ᵉ LEÇON.

LE CORPS.

Cette vaste étendue qu'on appelle la terre, et dont nous venons de voir les principales divisions, est habitée par un nombre infini de créatures, dont l'homme est la plus parfaite. Tous ces êtres, doués de la vie, ont un corps à l'aide duquel ils sentent le plaisir ou la peine, et ils possèdent des facultés proportionnées à leurs besoins. L'homme seul a une âme faite à l'image de Dieu.

La structure et l'organisation du corps humain prouvent admirablement la prévoyance et la sagesse du Créateur.

A l'extérieur sont deux *yeux* pour voir les objets, deux *oreilles* pour entendre les sons, un *nez* pour sentir les odeurs, une *langue* pour goûter les aliments et pour parler.

La partie supérieure du corps, ou la *poitrine*, renferme :

Le *cœur*, qui fait circuler le sang dans toutes les parties du corps, à l'aide des *artères*, qui le portent jusqu'aux extrémités, et des *veines*, qui le ramènent sans cesse au cœur, pour recommencer perpétuellement le même travail, jusqu'à ce que la mort vienne arrêter ce mouvement ; les deux *poumons*, principaux organes de la *respiration*, d'où l'air sort par *l'expiration*, après y avoir séjourné deux ou trois secondes pour agir sur le sang.

La partie inférieure contient l'*estomac*, qui digère les aliments dont se nourrit l'homme pour entretenir sa vie; le *foie*, qui sécrète la bile, et la *rate*, dont on ignore encore la fonction.

Les *os* composent la charpente du corps; ils sont entourés de *muscles* qu'on appelle chair. Des *nerfs*, ainsi que des *veines* et des *artères*, parcourent toutes les parties du corps.

24ᵉ LEÇON.

L'AME.

Il y a quelque chose en nous qu'on ne peut ni voir ni toucher, et qui règle tous les mouvements du corps : ce quelque chose s'appelle *âme*.

C'est l'âme qui *sent, pense, raisonne, invente, se rappelle* les choses passées, et dont la *prévoyance* nous est indispensable. C'est elle qui *veut* le bien et le mal, qui *mérite* récompense ou punition.

L'âme est immortelle. C'est elle qui est le principe de la vie et de l'intelligence. On ne sait pas comment elle est unie au corps. Elle s'en sépare à la mort, qui arrive par suite de graves maladies, d'accidents violents, ou de vieillesse.

LES SENS.

L'homme et la plupart des animaux ont cinq sens, qui sont : la *vue*, l'*ouïe*, l'*odorat*, le *goût*, le *toucher*.

Plusieurs animaux ont des sens plus parfaits que les nôtres. Le chien a l'odorat beaucoup plus subtil;

il sent les objets de bien plus loin que nous. Les oiseaux ont la vue plus perçante.

Malgré l'infériorité de ses sens, et quoiqu'il soit bien moins fort, bien moins agile que certains animaux, tels que l'éléphant, le cheval, le tigre, l'écureuil, etc., l'homme a, par l'intelligence et par la parole, une supériorité immense sur tous les animaux : il est le roi de la terre.

25ᵉ LEÇON.

LES ANIMAUX.

Le corps de beaucoup d'animaux présente les mêmes parties que le corps de l'homme, mais avec des formes différentes. Une sorte d'intelligence, qu'on appelle l'*instinct*, guide les animaux; c'est par l'instinct qu'ils pourvoient à leurs besoins et à leur conservation.

Il y en a de bien des espèces : des animaux qui marchent ou rampent sur la *terre*, des oiseaux qui volent dans les *airs*, des poissons qui nagent dans les *eaux*. Il y en a de toutes les grandeurs, depuis la baleine, qui est colossale, jusqu'aux animalcules qui vivent par milliers dans une goutte d'eau, et qu'on ne peut voir qu'avec un microscope. Cet instrument les fait paraître plusieurs centaines, et même plusieurs milliers de fois plus gros qu'ils ne le sont réellement.

26ᵉ LEÇON.

LES ANIMAUX DOMESTIQUES.

Le *chien* est le fidèle ami et le gardien de l'homme; le *cheval* partage les travaux du laboureur et du guerrier ; le *chat* débarrasse le logis des souris et des rats.

L'*âne* et le *chameau* sont des bêtes de somme extrêmement laborieuses. Leur sobriété et leur patience augmentent encore leur utilité.

Le *coq*, par son chant matinal, réveille l'homme et l'invite à la vigilance et au travail.

Le *bœuf*, le *veau* et la *vache* nourrissent l'homme de leur chair ; la vache lui donne encore son lait. La peau de ces animaux sert à faire des semelles et des empeignes pour les souliers. On fait des étoffes avec le poil de la *chèvre* ; son lait et celui de l'*ânesse* sont très-salutaires.

Le *porc* fournit le lard, et une viande qui se conserve bien lorsqu'elle est salée ; le *mouton* donne le suif pour les chandelles et la laine pour le drap : sa chair est très-nourrissante. Les *poules*, les *pigeons*, les *oies* et les *canards* fournissent des plumes, des œufs, et une chair délicate.

Parmi les animaux, les uns sont *carnivores*, c'est-à-dire qu'ils mangent de la chair d'autres animaux ; les autres sont *frugivores*, c'est-à-dire qu'ils se nourrissent des productions de la terre, herbes, fruits, légumes. L'homme est à la fois *frugivore* et *carnivore*. Outre la chair des bêtes que nous venons de nommer et d'autres semblables, il mange encore des fruits et des légumes.

27ᵉ LEÇON.

LES PLANTES OU VÉGÉTAUX.

Le sol est presque partout recouvert d'une couche

de terre qu'on nomme *végétale*, parce qu'elle est propre à nourrir les plantes ou *végétaux*. La plupart des plantes sont attachées au sol par les *racines*, qui pompent les sucs de la terre et les transforment en *séve*. La séve, passant à travers la tige et les branches, donne la vie aux feuilles et aux *fleurs*. Les fleurs produisent ensuite les *fruits*, qui, mûris par le soleil, servent de nourriture à l'homme.

Dans l'intérieur des fruits est renfermée la *graine* ou semence, qui, placée dans la terre, reproduit des arbres et des plantes de même nature. Les plantes dont la tige se durcit et donne du bois, se nomment *arbres* ou *arbrisseaux*; celles dont la tige reste toujours verte, prennent le nom d'*herbes*.

La plupart des fruits ont une peau qui recouvre *une pulpe* ou espèce de chair, laquelle contient une ou plusieurs graines, qu'on nomme noyaux ou pepins. La pulpe est une sorte d'éponge dont les petites cavités ou *cellules* renferment des liqueurs acides ou sucrées. Les noyaux ou pepins sont formés d'une coque, qui contient une amande où se trouve le germe de la plante.

28ᵉ LEÇON.

LES PARTIES UTILES DES PLANTES.

Diverses parties des plantes sont employées comme aliments, ou fournissent des médicaments précieux.

Celles qui servent le plus utilement à la nourriture de l'homme sont les graines farineuses, le *blé*, le *seigle*, l'*orge*, le *maïs*, le *sarrasin*, les *pois*, les *haricots;* les tubercules charnus de la *pomme de terre ;* les fruits pulpeux, tels que les *poires*, les *pommes*, les *prunes*, les *pêches*, les *cerises*, les *raisins*, les fruits de l'arbre à pain, les *cocos* des Indes, les *dattes* de l'Afrique, les *bananes*, les *figues*, les *ananas ;* les feuilles et les racines qu'on nomme légumes, comme l'*oseille*, le *chou*, la *laitue*, les *épinards*, les *carottes.*

Le *sucre* s'extrait de la tige d'une espèce de roseau nommé *canne à sucre ;* on le retire aussi des racines de la betterave. Les graines d'un arbre d'Arabie donnent le *café ;* l'écorce d'une espèce de laurier fournit la *cannelle.* On prépare le chocolat avec les graines du *cacao*, et le thé avec les feuilles d'un arbuste de la Chine.

La racine de la rhubarbe fournit un médicament légèrement purgatif ; l'écorce d'un arbre du Pérou donne la poudre de *quinquina*, qu'on emploie pour combattre la fièvre. On retire de cette poudre la *quinine*, qui en est le principe actif, et avec laquelle on fait le *sulfate de quinine.* Une petite dose de ce sulfate produit le même effet qu'un poids beaucoup plus considérable de quinquina.

29ᵉ LEÇON.

LIQUIDES NUTRITIFS.

Indépendamment des aliments *solides*, tels que la chair des animaux, les fruits et les légumes, l'homme a besoin des *liquides* pour sa nourriture, les uns produits par les végétaux, tels que le *vin*, l'*eau-de-vie*, l'*alcool* ou esprit-de-vin, les *huiles ;* les autres produits par les animaux, tels que le *lait* et les *œufs.*

Le *vin*, le *cidre* et la *bière* s'obtiennent, le premier, par la fermentation du raisin; le second, par la fermentation des pommes et des poires; le troisième, par celle de l'orge.

Lorsqu'on fait chauffer ou qu'on distille le vin, le cidre ou la bière, on en extrait l'*alcool*. L'eau-de-vie n'est que l'alcool mêlé d'eau.

En pressant les olives ou les noix, on en obtient de l'*huile* bonne à manger. Certaines graines, telles que le chènevis, le colza, la navette, nous donnent l'huile de lampe.

Le lait, première nourriture des animaux, nous donne la *crème*, le *beurre* et beaucoup de *fromages* de diverses qualités.

Le blanc d'œuf est une substance qui s'appelle *albumine;* le jaune d'œuf contient une sorte d'huile colorée.

L'*albumine* se trouve dans le sang, qui contient, outre l'eau, une matière rouge. C'est avec le sang de cochon qu'on fait le boudin, et avec celui de bœuf qu'on clarifie les sirops.

30ᵉ LEÇON.

LA TERRE.

La terre ne produit pas seulement pour l'homme des aliments abondants et variés; elle lui fournit encore des matériaux utiles pour se construire des abris, pour orner son habitation, pour se créer des ressources de tout genre.

Au-dessous de la terre végétale, qu'on laboure pour y semer des grains et récolter des plantes, se trouvent des *argiles*, des *sables*, de la *craie* ou des corps plus ou moins durs, qu'on nomme *pierres* ou *roches*. Ces pierres sont en couches placées les unes sur les autres, elles forment des rochers, des montagnes. Les pierres brisées et réduites en poudre produisent les différentes terres.

Les pierres servent à bâtir des maisons; les argiles à faire des pots, des vases, des briques, des tuiles, qu'on fait durcir en les chauffant au feu ou au soleil. Lorsque l'argile est fine et blanche, on en fait de la porcelaine.

L'*ardoise* est un limon qui s'est durci dans le sein de la terre.

La pierre à chaux, la craie et le marbre sont de même espèce. Ils se changent en *chaux vive* par la cuisson. La chaux, mêlée à l'eau, se réduit en une pâte dans laquelle on met du sable pour faire le mortier.

Le gypse se cuit, et se gâche ensuite avec l'eau. On en fait des ornements et des figures moulées.

Le *plâtre* de Paris est du gypse mêlé avec un peu de pierre à chaux.

Les cailloux, le sable, la pierre à fusil et le grès sont de même espèce. En fondant, par le feu, du sable avec de la potasse, de la soude ou de la chaux, on obtient le *verre*. Le *cristal* se fait en fondant du sable avec du plomb et de la potasse.

31ᵉ LEÇON.

LES MÉTAUX.

Sans la découverte et l'emploi des métaux, l'homme serait resté dans l'état misérable où se trouvent encore quelques peuplades sauvages de l'Amérique et de la Nouvelle-Hollande. Le fer est, de tous les métaux, le plus utile à l'homme ; par un bienfait de la nature, c'est celui qui se rencontre le plus fréquemment dans presque tous les pays. L'or et l'argent, comparativement au fer, ne seraient presqne d'aucun prix, si l'on n'était convenu d'employer ces métaux comme signes représentatifs des richesses, et comme un moyen d'échange, en les convertissant en monnaie.

Les métaux se trouvent enfouis dans la terre, quelquefois purs, mais le plus souvent mêlés avec d'autres corps dont on parvient à les dégager par des procédés chimiques. Ordinairement ils sont loin d'offrir, avant le travail de l'homme, l'aspect sous lequel nous sommes accoutumés à les voir. Ainsi le minerai dont on retire le fer est le plus souvent une matière compacte, rougeâtre, facile à réduire en poudre.

L'*or*, l'*argent*, le *platine*, le *cuivre* et le *fer* s'étendent aisément en lames et en fils ; l'*étain* et le *zinc* sont moins *ductiles*, c'est-à-dire qu'ils prennent moins aisément la forme qu'on veut leur donner ; le *plomb* est très-mou ; le *bismuth*, l'*antimoine* et l'*arsenic* sont cassants ; le *mercure* ou vif-argent est liquide et susceptible de bouillir et même de se résoudre en vapeur ; il faut un très-grand froid pour lui faire perdre sa fluidité et le rendre dur comme les autres métaux.

Le *platine* est très-difficile à fondre : c'est le plus pesant des métaux.

L'or est celui qui s'altère le moins à l'air. L'arsenic et le cuivre sont de violents poisons. C'est pour cette raison qu'il faut entretenir une couche d'étain dans les vases de cuivre employés à préparer les aliments. Le fer étamé s'appelle *fer-blanc*.

32ᵉ LEÇON.

LES ALLIAGES.

Les alliages sont formés de deux ou de plusieurs métaux fondus ensemble. On unit ainsi les métaux afin de durcir ceux qui sont trop mous, d'amollir ceux qui sont trop durs, ou de donner aux métaux, par diverses combinaisons, des qualités dont isolément ils sont privés.

C'est ainsi que, pour donner de la solidité aux ouvrages d'or et d'argent, on y mêle un peu de cuivre. Tous en contiennent plus ou moins. La marque ou le *titre* indique la quantité de cuivre qu'on y a mise.

Dans les couverts et dans la vaisselle d'argent, le cuivre forme le vingtième de leur poids. Dans les bijoux d'argent, le cuivre entre pour un cinquième.

Les vases et ornements d'or contiennent aussi du cuivre : sur un mille pesant, il peut y avoir soixante, quelquefois même cent soixante parties de cuivre.

Le *laiton* ou *cuivre jaune* se compose de trois parties de cuivre et d'une de zinc.

Le *bronze* des canons et des statues est formé de cent livres de cuivre sur onze livres d'étain ; le bronze des cloches, de soixante-dix-huit livres de cuivre fondues avec vingt-deux livres d'étain.

L'*étamage* des glaces se fait avec une mince feuille d'étain et du mercure.

PHYSIQUE.

33ᵉ LEÇON.

L'AIR.

L'homme aurait inutilement reçu les sens dont il est pourvu, si Dieu n'avait pas entouré la terre que nous habitons d'une couche d'*air* qu'on nomme *atmosphère*.

L'homme et les animaux ne peuvent vivre sans respirer l'air; les plantes elles-mêmes ne pourraient s'en passer. Pour la bonne santé de l'homme et des animaux, l'air doit être exempt d'infection; il faut aussi qu'il ne soit pas trop humide.

Sans l'air nous ne pourrions faire du feu. Un corps enflammé s'éteint dès qu'il est privé d'air.

C'est par l'air que le son se propage avec rapidité. C'est l'air qui fait tourner les moulins à vent, qui pousse les vaisseaux, qui soutient les oiseaux et les ballons. C'est l'air qui forme la couleur bleue du firmament, et qui soutient les nuages où se forment la pluie, la neige, la grêle, et où brille l'éclair et gronde le tonnerre.

34ᵉ LEÇON.

VENT, TEMPÊTE, OURAGAN.

Le *vent* est l'air en mouvement. Plus ce mouvement est rapide, plus le vent est fort. Le vent ne devient sensible que lorsqu'il fait environ une lieue à l'heure, comme un homme qui marche. Le vent est *fort* lorsqu'il fait huit lieues à l'heure ; il est *très-fort*, lorsqu'il en fait seize ; il devient *tempête* lorsqu'il en fait vingt, et *ouragan* lorsqu'il fait de trente à quarante lieues par heure.

Dans sa plus grande violence, le vent renverse les édifices et déracine les arbres, il lance les pierres avec la rapidité du boulet, et produit sur la mer des vagues d'une hauteur énorme, qui engloutissent les vaisseaux ; il soulève les eaux, et les pousse dans l'intérieur des terres, où elles occasionnent de désastreuses inondations.

Dans les parties du grand Océan qui avoisinent l'équateur, un vent modéré souffle constamment du levant au couchant : on l'appelle *vent alizé*. Dans les mers qui baignent les pays chauds, les vents soufflent six mois dans une direction, et six mois dans la direction opposée : ces vents se nomment *moussons*. Enfin, près du rivage, le vent, pendant le jour, vient de la mer, et pendant la nuit, il vient de la terre : le premier s'appelle *brise de mer*, et le second *brise de terre*. Les navigateurs profitent de tous ces vents pour se diriger dans leurs voyages.

35ᵉ LEÇON.

LES TROMBES.

C'est une chose très-extraordinaire qu'une *trombe*. On désigne ainsi un amas de vapeurs, soit sur la terre, soit sur la mer. Elle a la forme d'une colonne qui descend des nuages en tournant sur elle-même avec une grande vitesse. Elle a quelquefois jusqu'à deux cents mètres de base. Quand elle a atteint en descendant la surface de l'eau, celle-ci se met à bouillonner et à se couvrir d'écume. L'eau paraît s'élever jusqu'aux nuages, et l'on entend une espèce de sifflement. Ensuite il pleut abondamment, et le tonnerre se fait entendre. Lorsque la trombe s'approche d'un vaisseau, on s'en préserve en la rompant à coups de canons chargés à boulet. Ces trombes ne sont pas rares entre les tropiques, près des côtes de Guinée.

Les trombes qui se forment sur terre font quelquefois les plus grands ravages. Il sort de leur intérieur des globes de feu ou de vapeurs soufrées qui font explosion. Au bruit que fait la trombe dans sa marche, se joint le sifflement des vents, qui alors se font sentir dans toutes les directions. La trombe arrache les branches des arbres, et les lance à droite et à gauche ; elle déracine même les arbres les plus vigoureux ; elle enlève les toits des maisons, et renverse les murailles. On a vu quelquefois des hommes et des animaux enlevés dans les airs, puis lancés au loin. Les tourbillons d'air qui soulèvent la poussière figurent de petites trombes.

36e LEÇON.

LE BAROMÈTRE.

L'air est pesant : le *baromètre* en fournit une preuve incontestable. On appelle ainsi un instrument le plus souvent composé d'un tube de verre long d'un peu moins d'un mètre, fermé en haut,

ouvert en bas, qui plonge verticalement au fond
d'une petite cuvette à moitié pleine de mercure, et
dans lequel ce mercure s'élève jusqu'à la
hauteur de 60 à 80 centimètres. Cet instrument est très-précieux; il sert à indi-
quer le beau et le mauvais temps. Une
élévation progressive dans la colonne de
mercure est un signe de beau temps; un
abaissement graduel, au contraire, dans
cette colonne, est un signe de pluie. A Paris, toutes les fois que le mercure du baromètre se soutient, pendant quelques jours,
à 75 centimètres ou au-dessus, le temps est
beau et le beau temps est durable. Si, au
contraire, le mercure ne se soutient qu'à
73 centimètres ou au-dessous, le temps est
pluvieux; à 74 centimètres, le temps est
variable. Toutes ces variations se lisent sur
une échelle gravée à côté de la colonne de mercure.

Il serait très-utile d'avoir dans chaque commune
un baromètre exposé à tous les regards : les habitants pourraient le consulter pour prévoir les chan-
gements de l'atmosphère, comme ils consultent
l'horloge de l'église pour connaître l'heure du jour.

37e LEÇON.

LES BALLONS.

Il existe un gaz qui est quatorze ou quinze fois
moins pesant que l'air : c'est le gaz hydrogène. On
l'obtient en versant de l'acide sulfurique dans un
tonneau contenant de l'eau et du fer ou du zinc.

Si donc on introduit ce gaz dans une enveloppe légère, faite de toile gommée, on voit cet appareil ou ballon s'élever dans les airs.

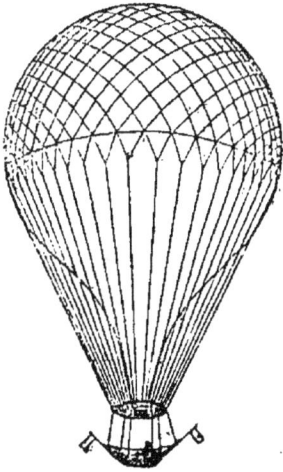

C'est ainsi que le liége mis au fond de l'eau remonte à sa surface, parce qu'il est plus léger que l'eau.

Plus la dimension des ballons est grande, plus le poids qu'ils peuvent soulever dans l'air est considérable.

Les ballons sont recouverts d'un filet; à l'extrémité des cordes dont ce filet se compose, on attache la nacelle destinée à recevoir le voyageur, qu'on appelle *aéronaute*.

En 1804, M. Gay-Lussac s'est élevé en ballon jusqu'à sept mille mètres au-dessus de la terre (plus d'une lieue et demie). Là, il a ressenti le froid de l'hiver le plus rigoureux, bien qu'on fût à l'époque des plus grandes chaleurs.

A la bataille de Fleurus, les Français, pour connaître les mouvements de l'armée ennemie, firent monter dans un ballon quelques officiers, qui, au moyen de signaux, faisaient connaître tout ce qui se passait chez l'ennemi.

Peut-être un jour parviendra-t-on à diriger les ballons dans l'air où jusqu'ici ils ont été poussés au gré des vents.

Pour l'amusement des enfants, on fait des ballons de petite dimension en papier huilé ou en baudruche, et on les retient au moyen d'une ficelle.

38ᵉ LEÇON.

LE THERMOMÈTRE.

La température de l'air, ou son degré de chaleur, est très-variable. Il est important de pouvoir la mesurer, ainsi que celle de tous les autres corps. On y parvient aisément au moyen du thermomètre.

Le *thermomètre* consiste en une boule de verre surmontée d'un tube très-fin qui porte des divisions. Cette boule et une partie du tube sont pleines de mercure ou d'esprit-de-vin.

Quand le thermomètre est mis dans la neige fondante, le liquide s'abaisse dans le tube jusqu'au point marqué 0, c'est-à-dire *zéro*. Si le thermomètre est ensuite porté dans l'eau bouillante, la colonne liquide monte jusqu'à un autre point marqué 100 ; il y a donc cent *degrés* de chaleur ou de température, depuis la glace qui fond jusqu'à l'eau qui bout. Ce thermomètre s'appelle thermomètre *centigrade*.

Si l'on observe un thermomètre placé en dehors d'une fenêtre, on le voit ordinairement monter depuis le matin jusque vers deux heures de l'après-midi, parce que l'air s'échauffe, et il baisse ensuite pendant le soir et toute la nuit, parce que l'air se refroidit. Le thermomètre se tient beaucoup plus haut en été qu'en hiver.

Pendant l'hiver, il faut échauffer les chambres habitées de manière que le thermomètre s'y tienne de douze à quinze degrés.

La température des caves reste toujours la même

à très-peu de variations près. Aussi paraissent-elles froides en été, comparées à l'état de l'atmosphère au dehors, et chaudes, au contraire, en hiver, par la même raison. La température des caves varie de 10 à 15 degrés du nord au sud de la France.

39ᵉ LEÇON.

PIERRES TOMBÉES DU CIEL.

Les anciens avaient vu quelquefois des pierres tomber du ciel, et ils les considéraient comme détachées de la voûte céleste. Les savants ont nié pendant longtemps l'existence de ces pierres extraordinaires ; mais enfin ils ont dû céder à l'évidence, et ils ont eu souvent occasion de vérifier la réalité de ce qu'ils prenaient pour un préjugé populaire.

Les pierres qui tombent du ciel s'appellent *aérolithes*. Au moment de leur apparition, on voit dans l'air un globe de feu qui marche avec rapidité, et qui quelquefois répand une vive lueur. Quelques instants après, on entend une détonation violente, suivie d'un roulement que l'on a comparé à celui d'une voiture pesante courant sur le pavé. Il tombe alors une ou plusieurs pierres. Au moment de leur chute, elles sont chaudes et répandent une odeur de soufre. Après les avoir retirées de la terre, où elles s'enfoncent plus ou moins, on reconnaît qu'elles ont la couleur grise de la fonte de fer à l'intérieur, et qu'à l'extérieur elles offrent une mince couche noire, qui prouve qu'elles ont été fondues ou *mises en fusion* par une action semblable à celle qu'aurait pu produire le feu.

Quelquefois il tombe des poussières qui , mêlées à l'eau des nuages , ont fait croire à l'existence de pluies de *feu* et de *sang*.

40ᵉ LEÇON.

LA LUMIÈRE.

La *lumière* nous vient du soleil pendant le jour, de la lune et des étoiles pendant la nuit.

On s'en procure d'artificielle par la combustion de l'huile, du suif, de la cire ou du gaz.

Les images des objets ne s'aperçoivent dans les miroirs que parce que ceux-ci renvoient à nos yeux une partie de la lumière qui leur vient des objets eux-mêmes.

Il y a en Amérique des insectes qui portent sur la tête une espèce de lanterne lumineuse qui brille naturellement, comme en Europe les *vers luisants*. Le bois pourri et le phosphore répandent une faible *lueur* pendant la nuit, de même que certaines pierres qui ont été exposées au soleil. En frottant deux morceaux de sucre dans l'obscurité, ou en en cassant un seul morceau, on aperçoit une lueur.

Diverses parties du corps des animaux contiennent du phosphore. Si un animal est enfoui dans une terre humide ou au fond d'un marais, il peut arriver que le phosphore que son corps contient s'en dégage, uni au *gaz* hydrogène. Ce gaz s'enflamme de lui-même aussitôt qu'il arrive dans l'air. Telle est l'origine des *feux follets*, qu'on aperçoit la nuit dans les terrains marécageux et dans les cimetières.

Quand la lumière du soleil levant ou du soleil

couchant vient à éclairer les gouttes de pluie qui tombent de l'atmosphère, en passant à travers ces gouttes, elle en sort diversement colorée, et forme un *arc-en-ciel*. Deux arcs-en-ciel apparaissent ordinairement ensemble. Le plus petit est plus étroit, mais plus brillant que le grand. Ce petit arc est rouge en dedans et violet en dehors, tandis que le grand arc est rouge en dehors et violet en dedans. On voit souvent, au milieu des gouttes que forme un jet d'eau, se reproduire le phénomène de l'arc-en-ciel.

Quelquefois le soleil et la lune sont entourés de deux ou trois petits cercles colorés qu'on appelle *couronnes*, et qui apparaissent lorsque le ciel est couvert d'un léger voile nuageux.

41ᵉ LEÇON.

LE FEU.

Le *feu* n'est guère moins utile que l'eau et l'air. Sans le feu, l'homme ne pourrait exister dans les pays très-froids, tels que la Sibérie, une grande partie de la Russie et de l'Amérique septentrionale; il vivrait même avec peine dans les climats tempérés, puisqu'il ne pourrait ni cuire ses aliments, ni forger les métaux, etc. Le feu n'existe naturellement que dans les volcans en éruption, ou dans les corps enflammés par la foudre, ou dans ceux que la fermentation finit par embraser. Aucun animal ne sait produire du feu pour ses besoins.

L'homme seul a su inventer les moyens de s'en pourvoir. On n'a jamais trouvé aucune société d'hommes, quelque barbare qu'elle fût, qui ne connût le feu et ne sût s'en procurer. Les sauvages allument du feu en frottant rapidement deux morceaux de bois l'un contre l'autre. Si l'on frappe vivement un caillou avec de l'acier, les parcelles d'acier qui se détachent brûlent dans l'air et enflamment l'amadou sur lequel on les reçoit.

Les vastes forêts qui couvrent la surface de la terre suffiront longtemps à nos besoins; et la nature nous conserve dans son sein d'immenses provisions de charbon de terre, que l'on commence partout à exploiter avec succès. Ces mines de charbon de terre sont le produit d'antiques forêts et de débris de végétaux que les révolutions du globe ont enfouis dans la terre.

Le feu cause souvent les plus cruels désastres dans les fermes et dans les maisons, si l'on ne prend pas continuellement les plus grandes précautions pour s'en préserver.

42e LEÇON.

LES VOLCANS.

Aucun des phénomènes qui se passent à la surface du globe n'est plus majestueux ni plus terrible qu'une éruption *volcanique*. Qu'on se figure une montagne vomissant des flammes, des tourbillons de fumée, de cendre et de poussière, lançant des pierres et des rochers énormes à des distances prodigieuses, au milieu de détonations souterraines, des coups redoublés de la foudre et d'un torrent de pluie; et, durant ces affreux phénomènes, la montagne ébranlée jusqu'à sa base, ses flancs entr'ouverts donnant passage à la *lave* ou matière en feu, qui parfois coule jusque dans la mer, dont elle fait bouillonner les flots : tel est un *volcan*.

Il existe en Europe trois volcans : l'*Etna* en Sicile, le *Vésuve* près de Naples, et l'*Hécla* en Islande. L'Asie en renferme un plus grand nombre ; mais c'est l'Amérique qui en contient le plus. Il y a beaucoup de montagnes qui ont brûlé dans les premiers âges du monde, et qui aujourd'hui sont complétement éteintes, c'est-à-dire qu'elles ne jettent plus ni flammes ni fumée, et sont cultivées par les hommes. Plusieurs montagnes de l'Auvergne sont dans ce cas. De temps en temps on voit se former de nouveaux volcans : ainsi le Vésuve fit sa première éruption soixante-dix-neuf ans après Jésus-Christ, et ensevelit sous la cendre la ville de Pompéi, et sous la lave celle d'Herculanum. Il y a peu d'années, une île s'est formée tout à coup dans la Méditerranée par l'éruption d'un volcan *sous-marin;* depuis elle a disparu. Ces phénomènes sont souvent accompagnés de tremblements de terre.

43e LEÇON.

TREMBLEMENTS DE TERRE.

Quelquefois le sol sur lequel nous marchons s'agite, il tremble, il se fend ; des montagnes s'écroulent, des terrains s'élèvent ou s'affaissent ; des rivières sortent de leur lit, et la mer se précipite dans l'intérieur des terres ; et au milieu de ce bouleversement, les maisons s'écroulent sur leurs habitants.

Mais ordinairement ces secousses ne sont pas aussi violentes; elles ne durent que quelques instants. Dans ce cas, une grande étendue de pays est agitée comme une barque sur l'eau; les cloisons des appartements craquent, les meubles se déplacent ou sont renversés.

On ne sait pas encore pourquoi la terre éprouve ces tremblements. Ce n'est pas la terre entière qui s'ébranle, mais seulement une portion de sa surface. C'est un affaissement ou un soulèvement du sol.

De toutes les contrées du globe, il n'y en a pas de plus souvent ravagée par les tremblements de terre que l'Amérique du Sud, principalement dans le voisinage des *Andes*. Souvent des villes entières y ont été détruites de fond en comble. En Europe, l'an mil sept cent cinquante-cinq, Lisbonne a été presque entièrement détruite par un tremblement de terre. Aux environs de Naples ces accidents sont fréquents; la ville de Messine, en Sicile, en a été plusieurs fois victime. En France, ils sont heureusement très-rares.

44ᵉ LEÇON.

L'EAU.

L'*eau* tombe de l'air sous forme de pluie; elle passe à travers les fentes des rochers; elle sort des montagnes en sources plus ou moins abondantes; elle coule en ruisseaux à la surface du sol; ces ruisseaux se joignent et produisent les rivières et les fleuves, qui vont se jeter dans la mer. La *mer* est très-étendue, et si profonde qu'en beaucoup d'endroits on n'en peut trouver le fond. L'eau en est salée : on ne peut la boire. Exposée au soleil, elle s'évapore et laisse un dépôt, le *sel*, qui sert à assaisonner nos aliments.

L'eau pure est la plus saine de toutes les boissons; elle est nécessaire à tous les animaux. Lorsqu'elle est trouble, on la clarifie en la filtrant à travers des morceaux de charbon, du sable, ou certaines pierres poreuses. Elle contient de l'air que les poissons respirent.

Le froid fait *geler* l'eau, et la chaleur la transforme en *vapeur*.

45ᵉ LEÇON.

VAPEUR, ROSÉE, BROUILLARD, NUAGES, PLUIE, NEIGE ET GRÊLE.

L'eau qui se trouve dans un vase ouvert disparaît peu à peu. L'eau que contiennent les corps humides, l'eau des rivières et des mers, se dissipe aussi et devient invisible. Elle se transforme en *vapeur*.

Quand le temps se refroidit beaucoup, vers la fin des nuits d'été, la vapeur contenue dans l'air se dépose en gouttes à la surface des plantes et forme la *rosée*.

Lorsque après un temps froid il vient à souffler un vent chaud, la vapeur que ce vent entraîne se dépose contre les murailles froides, et l'on dit, mais à tort, que ces murailles *suent*.

Le *brouillard* est encore la vapeur de l'air qui se forme en petites gouttes d'eau.

Les *nuages* ont aussi la même origine. Ils se soutiennent dans l'air tant que les gouttes sont très-petites; mais, en grossissant, ces gouttes finissent par tomber en forme de *pluie*.

Quand ces gouttelettes se gèlent par le froid, elles tombent en *flocons de neige*.

Enfin, si une grosse goutte se gèle, elle devient un *grêlon*. La grêle, en tombant, ravage les champs et détruit les moissons; car les grêlons, ordinairement de la grosseur d'une noisette, sont pourtant quelquefois gros comme des noix.

46e LEÇON.

LES PARATONNERRES.

Dans les temps d'orage, on voit souvent des nuages s'amonceler, et, au moment où ils s'approchent, des éclairs brillent et le tonnerre gronde. Cet effet est produit par l'électricité qui passe d'un nuage dans l'autre, ou qui communique avec le sol.

L'électricité existe dans tous les corps. Si l'on approche d'un bâton de cire à cacheter qu'on a frotté quelque temps, des corps légers, tels que des parties de barbe de plume ou de petits morceaux de papier, ils vont d'eux-mêmes s'appliquer contre le bâton de cire à cacheter. C'est de l'*électricité*. Franklin a fait voir que la foudre est de l'électricité qui tombe des nuages sur la terre. Pour le prouver, il lança dans les airs un cerf-volant pendant un jour d'orage; alors il vit de petites étincelles se produire à l'extrémité de la ficelle qui retenait ce cerf-volant. Depuis, au lieu de ces étincelles, on a obtenu de grandes flammes imitant l'éclair et partant avec un bruit semblable à celui de la foudre.

Les accidents produits par la chute du tonnerre sont presque toujours déplorables. Le onze juillet mil huit cent dix-neuf, le tonnerre tomba sur l'église de Châteauneuf, village des Basses-Alpes. Trois coups se firent entendre avec la rapidité de l'éclair, et tous les assistants furent roulés hors de l'église. Un jeune enfant fut enlevé des bras de sa mère et porté six pas plus loin. Chacun eut, un instant, les jambes paralysées. Toutes les femmes, échevelées, offraient un spectacle affreux. L'église fut remplie d'une fumée noire et épaisse. On ne pouvait distinguer les objets qu'à la lueur des flammes des vêtements embrasés par la foudre. Huit personnes restèrent sur la place. Une fille de dix-neuf ans mourut le lendemain, en proie aux douleurs les plus horribles, à en juger par ses cris. Le nombre des blessés fut de quatre-vingt-deux. Tous les chiens qui étaient dans l'église furent trouvés morts. La croix du clocher fut plantée dans la fente d'un rocher voisin; la chaire fut écrasée. Un trou conduisait jusqu'à une écurie, où l'on trouva morts cinq moutons et une jument. Le prêtre qui officiait ne fut point blessé, sans doute à cause des ornements de soie qu'il portait; mais le curé fut grièvement blessé.

Rien n'est cependant plus facile que de se préserver de ces affreux accidents. Ils n'ont jamais lieu dans les endroits où l'on a soin de placer des paratonnerres.

Les *paratonnerres* sont de longues barres de fer

qu'on dresse ordinairement sur les toits, et aux-
quelles on attache une tige ou corde de fer qui vient
s'enfoncer dans le sol ou dans un puits. Lorsque le
tonnerre tombe, il frappe le paratonnerre, et il suit
la corde de fer en épargnant les lieux voisins. On a
aussi placé quelquefois des paratonnerres dans les
champs.

Ordinairement le tonnerre frappe les lieux et les
objets élevés. Pendant un orage, il ne faut donc pas
se mettre sous les arbres. Il ne faut pas non plus
sonner les cloches; cela ne sert qu'à exposer le son-
neur aux coups de la foudre, qui tombera de préfé-
rence sur le clocher.

ASTRONOMIE.

47ᵉ LEÇON.

La science qui s'occupe de la connaissance des astres s'appelle *astronomie*. Il ne faut pas confondre l'*astronome* avec l'*astrologue*; le premier est un savant, le second est un imposteur.

Les *astres*, ces points lumineux qu'on voit dans le ciel, sont des corps presque tous beaucoup plus gros que la terre, mais qui, par leur extrême éloignement, échappent presque à notre vue.

Le plus brillant est le *soleil*.

La *lune* paraît aussi grande que le soleil, mais elle répand bien moins de lumière, parce qu'elle réfléchit seulement celle qui lui vient du soleil.

Parmi les astres, on en distingue dix qui éprouvent un déplacement considérable. Ce sont les *planètes*. La terre aussi est une planète.

Toutes les *planètes* reçoivent du soleil la lumière dont elles brillent.

Les *étoiles* n'apparaissent que comme de petits points brillants. Il y en a une infinité.

Les étoiles sont autant de soleils que leur éloignement fait paraître très-petits. Elles paraissent immobiles.

Quoique la lumière parcoure soixante-dix mille lieues par seconde, cependant on présume que celle qui vient des étoiles qu'on suppose les plus voisines de la terre met au delà de trois ans à nous arriver.

Il y a une bande lumineuse et blanchâtre qui fait tout le tour du ciel ; elle se nomme *voie lactée*, ce qui veut dire *chemin de lait*. Elle est formée sans doute d'une multitude d'étoiles.

On voit aussi çà et là dans le ciel des taches blanches qu'on appelle *nébuleuses*.

De temps en temps on voit apparaître dans le ciel des astres accompagnés d'une queue plus ou moins longue : ce sont les *comètes*, qui n'effrayent plus que

les personnes ignorantes. On croit que les comètes reçoivent leur lumière du soleil.

48ᵉ LEÇON.

LE SOLEIL.

Le *soleil* paraît tourner chaque jour autour de la terre ; mais c'est réellement la terre qui tourne.

Outre son mouvement de chaque jour, le soleil semble marcher du côté du levant, et faire ainsi le tour du monde en un an ; mais c'est encore la terre qui tourne réellement.

Enfin, on voit le soleil faire un tour sur lui-même en vingt-cinq jours et demi ; il nous présente alors ses diverses faces.

Le soleil est à plus de trente-quatre millions de lieues de la terre. Il est treize cent mille fois plus gros que notre globe.

La lumière qui nous vient du soleil emploie huit

minutes treize secondes à franchir cette distance de
trente-quatre millions de lieues, ce qui fait soixante-
dix mille lieues par seconde. Le mouvement de la
lumière est dix mille fois plus rapide que celui de la
terre autour du soleil.

49ᵉ LEÇON.

LA LUNE.

La *lune* se lève et se couche tous les jours comme
le soleil ; mais son lever et son coucher se trouvent
retardés chaque jour de quarante-huit minutes sur
le lever et le coucher de la veille, et c'est ainsi que
la lune fait le tour du ciel en vingt-sept jours et un
tiers, et revient à la même position à l'égard du soleil en vingt-neuf jours et demi.

Cette fois, c'est bien la lune qui tourne autour
de la terre. La lumière qu'elle nous envoie lui vient
du soleil. Elle nous présente toujours la même face,
qui est couverte de taches permanentes. Jamais on
n'a vu ni on ne verra l'autre côté de cet astre.

Lorsque la lune se trouve entre le soleil et la
terre, nous ne pouvons la distinguer, parce que la
partie qui est tournée vers la terre, n'étant pas éclairée par le soleil, reste dans l'ombre : c'est alors ce
qu'on appelle la *nouvelle lune*. Bientôt elle s'éloigne
de cette position, et, le huitième jour, on la voit
sous la forme d'un demi-cercle, parce que la moitié
de la partie éclairée par le soleil est tournée vers la
terre : c'est le *premier quartier*. Le quinzième jour,
toute la partie de la lune éclairée par le soleil fait
face à la terre, on la voit toute ronde : c'est la *pleine
lune*. Enfin, le vingt-deuxième jour, elle ne pré-

sente plus encore que la moitié de sa partie éclairée, et reparaît sous la forme d'un demi-cercle ou *croissant* : c'est le *dernier quartier.*

Dans le premier quartier, les extrémités du croissant sont tournées vers l'est ; dans le second quartier, elles sont tournées vers l'ouest.

La lune est à quatre-vingt-six mille lieues de la terre ; elle est quarante-neuf fois plus petite. On y observe des vallons et des montagnes, comme sur notre globe ; mais il paraît qu'elle n'a point d'atmosphère : d'où l'on doit conjecturer qu'elle n'est point habitée par des êtres organisés comme nous, et qui ne pourraient vivre sans air.

50e LEÇON.

LES ÉCLIPSES.

Nous avons vu que la lune revient chaque mois près du soleil. Lorsqu'elle passe tout à fait devant cet astre, elle nous le cache en tout ou en partie, ce qui produit une *éclipse de soleil* totale ou partielle. L'obscurité qui en résulte a toujours épouvanté les peuples ignorants ; mais les nations instruites envisagent ce phénomène comme très-naturel et sans aucun danger pour la terre ; les astronomes peuvent le prédire longtemps d'avance sans se tromper d'une seconde.

Lorsque la terre est placée entre le soleil et la lune, celle-ci se trouve privée de lumière, et l'on dit alors qu'il y a *éclipse de lune.*

Il est très-rare que le soleil soit entièrement éclipsé par la lune ; au contraire, les éclipses de lune sont souvent totales.

NOTIONS DIVERSES.

51ᵉ LEÇON.

L'homme a profité de l'intelligence que lui a donnée son auteur pour étendre ses connaissances, et il est parvenu, par ce travail de l'esprit, à des résultats merveilleux. Avant de montrer, par quelques exemples, tout le parti qu'en a tiré son industrie, nous allons donner ici quelques principes des sciences sur lesquelles reposent presque toutes ses découvertes dans les arts.

LES NOMBRES ET LES CHIFFRES ARABES.

Un 1, deux 2, trois 3, quatre 4, cinq 5, six 6, sept 7, huit 8, neuf 9, dix 10, onze 11, douze 12, treize 13, quatorze 14, quinze 15, seize 16, dix-sept 17, dix-huit 18, dix-neuf 19, vingt 20, vingt et un 21, vingt-deux 22, vingt-trois 23, vingt-quatre 24, vingt-cinq 25, vingt-six 26, vingt-sept 27, vingt-huit 28, vingt-neuf 29, etc.

Dix et dix font vingt.....................	20
Vingt et dix font trente................	30
Trente et dix font quarante.............	40
Quarante et dix font cinquante..........	50
Cinquante et dix font soixante..........	60
Soixante et dix font soixante-dix........	70
Soixante-dix et dix font quatre-vingts.....	80
Quatre-vingts et dix font quatre-vingt-dix.	90
Quatre-vingt-dix et dix font cent.........	100
Dix fois dix font cent....................	100
Dix fois cent font mille.................	1000
Mille fois mille font un million..........	1000000

Une demie $\frac{1}{2}$, un tiers $\frac{1}{3}$, deux tiers $\frac{2}{3}$, un quart-$\frac{1}{4}$, trois quarts-$\frac{3}{4}$, s'appellent des fractions de l'unité.

52ᵉ LEÇON.

EXERCICES SUR LES NOMBRES.

	Population.		Population.
Paris..........	1 500 000	Caen..........	45 000
Lyon	258 000	Montpellier....	45 000
Marseille......	195 000	Nancy.........	45 000
Bordeaux......	130 000	Reims.........	45 000
Rouen........	100 000	Besançon......	41 000
Nantes........	96 000	Limoges.......	41 000
Toulouse......	93 000	Rennes	39 000
Lille..........	75 000	Avignon.......	35 000
Strasbourg	75 000	Versailles......	35 000
Toulon........	69 000	Clermont......	33 000
Brest	61 000	Tours.........	33 000
Metz..........	57 000	Dijon	32 000
Saint-Étienne..	56 000	Grenoble......	31 000
Nîmes.........	53 000	Aix...........	27 000
Amiens.......	52 000	Troyes........	27 000
Orléans.......	47 000	Bourges.......	25 000
Angers........	46 000	Montauban	24 000

53ᵉ LEÇON.

LES CHIFFRES ROMAINS.

La lettre I représente *un*,
La lettre V représente *cinq*,
La lettre X représente *dix*,
La lettre L représente *cinquante*,
La lettre C représente *cent*,
La lettre D représente *cinq cents*,
La lettre M représente *mille*.

Il y a, toutefois, des règles conventionnelles, ainsi on écrit :

Un I, deux II, trois III, quatre IV, cinq V, six VI, sept VII, huit VIII, neuf IX, dix X, onze XI, douze XII, treize XIII, quatorze XIV, quinze XV, seize XVI, dix-sept XVII, dix-huit XVIII, dix-neuf XIX, vingt XX, vingt et un XXI, etc.

Mil huit cent trente-trois MDCCCXXXIII.

Pour ne pas répéter quatre fois la même lettre, on écrit :

IV pour *quatre,* au lieu de IIII.
IX pour *neuf,* au lieu de VIIII.
XIV pour *quatorze,* au lieu de XIIII.
XIX pour *dix-neuf,* au lieu de XVIIII.
XL pour *quarante,* au lieu de XXXX.
XC pour *quatre-vingt-dix,* au lieu de LXXXX.
CD pour *quatre cents,* au lieu de CCCC.
CM pour *neuf cents,* au lieu de DCCCC.

54ᵉ LEÇON.

LES CALCULS.

Il est nécessaire de s'exercer à faire des *additions,* en disant, par exemple : 3 et 2 font 5, 5 et 4 font 9, etc.; ensuite on fait des *soustractions,* en disant : 9 moins 4 donne 5, etc. Enfin les *multiplications* et les *divisions* se font au moyen de la table suivante, qu'il faut apprendre par cœur :

2 fois 2 font...... 4
2 fois 3 font...... 6
2 fois 4 font...... 8
2 fois 5 font...... 10
2 fois 6 font...... 12
2 fois 7 font...... 14
2 fois 8 font...... 16
2 fois 9 font...... 18
3 fois 3 font...... 9
3 fois 4 font...... 12
3 fois 5 font...... 15

3 fois 6 font...... 18
3 fois 7 font...... 21
3 fois 8 font...... 24
3 fois 9 font...... 27
4 fois 4 font...... 16
4 fois 5 font...... 20
4 fois 6 font...... 24
4 fois 7 font...... 28
4 fois 8 font...... 32
4 fois 9 font...... 36
5 fois 5 font...... 25

5 fois 6 font......	30	6 fois 9 font......	54
5 fois 7 font......	35	7 fois 7 font......	49
5 fois 8 font......	40	7 fois 8 font......	56
5 fois 9 font......	45	7 fois 9 font......	63
6 fois 6 font......	36	8 fois 8 font......	64
6 fois 7 font......	42	8 fois 9 font......	72
6 fois 8 font......	48	9 fois 9 font......	84

55e LEÇON.

LES LIGNES.

On trace les *lignes droites* avec une règle. Si l'on plie une feuille de papier en deux, le pli forme une ligne droite.

Deux lignes droites qui se rencontrent forment un *angle*. On trace les angles droits avec une équerre. . . . .

Quand on plie avec soin une feuille de papier en quatre, les deux plis forment un angle droit, qui peut servir d'équerre.

Il faut trois lignes droites pour faire un *triangle*. . . . .

Un *carré* est composé de quatre lignes droites égales, formant quatre angles droits. . . . . .

Un *rectangle* a 2 grands côtés et 2 petits, et les 4 angles droits. . . . .

On trace les *cercles* avec le compas. Le contour s'appelle *circonférence*. Le milieu s'appelle *centre*. Un *rayon* va droit du centre à la circonférence. Un *diamètre* se compose de deux rayons en ligne droite. . . . .

L'*ovale* est un cercle allongé, que les jardiniers tracent avec une corde attachée par ses bouts à deux piquets. . . . .

56ᵉ LEÇON.

LES SURFACES ET LES VOLUMES.

Une surface bien unie, comme celle de l'eau tranquille, s'appelle *plan*.

La surface de l'eau est *horizontale*.......... —

Un fil à plomb est *vertical*................. |

La *longueur* et la *largeur* d'une maison sont horizontales, et sa *hauteur* est verticale.

Pour qu'une surface soit plane, il faut qu'on puisse y appliquer une règle partout et exactement.

Un corps formé par six faces carrées, comme un dé à jouer, s'appelle *cube* ....

Un corps qui va en pointe, comme le toit d'un clocher carré, s'appelle *pyramide*. Les fameuses pyramides d'Égypte ont quatre faces triangulaires sans compter le carré qui sert de base.

Un corps qui est rond et en pointe, comme un cornet ou un pain de sucre, s'appelle *cône* ...

Un *cylindre* est un corps long et rond, comme un rouleau de papier, ou comme un tonneau.

Une *sphère* est un corps rond en tous sens comme une boule ....

A l'aide de ces connaissances, l'homme a pu régler l'emploi de son temps par des divisions exactes de la durée, il a pu établir des mesures, des poids, des monnaies uniformes pour la commodité des échanges et du commerce; enfin il a pu augmenter sa force par l'usage des machines.

57ᵉ LEÇON.

LES DIVISIONS DU TEMPS.

Le jour a 24 heures. L'heure a 60 minutes. La minute a 60 secondes.

L'année 1852 se composait de 366 jours. Il en sera de même de 4 ans en 4 ans : c'est-à-dire que les années 1856, 1860, 1864, etc., auront chacune 366 jours. Mais les autres années auront un jour de moins. Une année de 366 jours s'appelle *bissextile*.

Une année se partage en douze mois : Janvier, Février, Mars, Avril, Mai, Juin, Juillet, Août, Septembre, Octobre, Novembre, Décembre.

Janvier, Mars, Mai, Juillet, Août, Octobre, Décembre, ont chacun 31 jours. Avril, Juin, Septembre et Novembre, ont chacun 30 jours. Février a 29 jours toutes les années bissextiles ; il n'en a que 28 les autres années.

Il y a quatre saisons dans l'année : le *printemps*, qui commence le 21 mars; l'*été*, le 21 juin, jour le plus long ; l'*automne*, le 21 septembre; et l'*hiver*, le 21 décembre, jour le plus court.

Cent ans forment un *siècle*.

58ᵉ LEÇON.

LE CALENDRIER.

Le *calendrier* est la liste des jours qui composent une année. Les jours y sont distribués par *mois* et par *semaines*. Chaque jour porte un *numéro* qui est relatif au mois, et un nom qui est relatif à la semaine.

Ainsi l'on dit de tel jour, qu'il est le premier, ou le second, ou le troisième, etc., du mois; et qu'il se nomme *lundi*, ou *mardi*, ou *mercredi*, ou *jeudi*, ou *vendredi*, ou *samedi*, ou *dimanche*, qui sont les noms des sept jours de la semaine.

Le dimanche est le jour du repos, et les six autres jours de la semaine sont les jours *ouvrables*.

Chaque jour de l'année est la fête d'un *saint*, et de toutes les personnes qui portent le même nom que ce saint.

Il y a en outre des fêtes religieuses qui ont une solennité particulière. Les principales sont : celle de *Pâques*, qui arrive en mars ou en avril ; celle de l'*Ascension*, qui vient 40 jours après Pâques; celle de la *Pentecôte*, qui tombe le 10e jour après l'Ascension ; celle de la *Fête-Dieu*, qui est au mois de juin, et enfin celle de *Noël*, qui arrive le 25 décembre et précède de huit jours le premier jour de l'an.

59e LEÇON.

SYSTÈME MÉTRIQUE.

On mesure les longueurs avec le *mètre*. Le *décimètre* est dix fois plus petit que le mètre. Le *centimètre* est cent fois plus petit. Le *millimètre* est mille fois plus petit.

Le mètre est contenu quarante millions de fois dans le tour de la terre. Les hommes très-grands ont presque deux mètres de hauteur. Un décimètre est comme la largeur de la main d'un homme.

Un centimètre est comme la moitié de la largeur d'un doigt; le voici, divisé en dix millimètres...................................... |ɪɪɪɪ|ɪɪɪɪ|

Dix mètres font un *décamètre*; cent mètres, un *hectomètre*; mille mètres, un *kilomètre*; dix mille mètres, un *myriamètre*.

Un *are* est un carré qui a dix mètres de côté; il équivaut à 100 mètres carrés.

L'étendue des terrains s'exprime en ares et en hectares. 100 ares forment un *hectare*.

Quand les bûches à brûler ont un mètre de longueur, en les entassant sur un mètre de largeur et de hauteur, on obtient un *stère*.

Une boîte en forme de cube, ayant un décimètre de côté, s'appelle *litre*.

60ᵉ LEÇON.

LES POIDS ET LA MONNAIE.

Un *gramme* est le poids de l'eau contenue dans un cube d'un centimètre de côté. Un dé à coudre en renfermerait quatre.

Un litre d'eau pèse mille grammes, ou un *kilogramme*.

La monnaie se compte par *francs*, et par *centimes*, qui sont des centièmes de franc. Vingt sous font un franc, et un sou vaut cinq centimes.

La monnaie comprend des pièces d'or de 40 francs, de 20 francs et de 10 francs; des pièces d'argent de 5 francs, de 2 francs, de 1 franc, de 50 centimes, et de 20 centimes. Toutes ces pièces contiennent une quantité de cuivre égale à la dixième partie de leur poids. Un franc, en argent, pèse 5 grammes; deux cents francs pèsent un kilogramme.

61ᵉ LEÇON.

MACHINES SIMPLES.

Il est rare que l'homme n'appelle pas d'autres forces au secours des siennes.

Les forces qu'on met à profit dans les arts sont celles de l'homme et des animaux, le poids des corps, le courant des eaux, le vent, la vapeur d'eau.

On a reconnu que, pour certains travaux, la force d'un cheval équivaut à celle de sept hommes.

Voici les principaux instruments ou les *machines* dont on fait usage :

Le *levier* est une barre de bois ou de fer, au moyen de laquelle un homme peut remuer de grosses masses avec l'effort de ses bras.

Une *balance* à peser est formée d'un levier ou fléau, qui repose, par son milieu, sur une colonne ou pied, et soutient à ses bouts deux plateaux suspendus : sur l'un on met le corps à peser, et sur l'autre des poids pour l'équilibrer.

Au lieu de soulever directement une grosse masse, il est plus facile de la faire monter le long d'une planche inclinée. Cette planche est alors un *plan incliné*.

Pour fendre le bois, on est parfois obligé de se servir d'un *coin*, qui est un morceau de bois ou de fer taillé en forme de hache et sur la tête duquel on frappe fortement avec un marteau : alors les faces du coin font écarter les deux moitiés du bois, qui finissent par se séparer.

62ᵉ LEÇON.

Suite des MACHINES SIMPLES.

Une *vis* est un cylindre qui porte des raies, lesquelles vont en tournant comme une ficelle enroulée. On se sert de la vis pour serrer. Dans beaucoup de cas, les vis ne font que remplacer les clous.

Une *poulie* est une espèce de roue qui tourne sur un *axe* ou *essieu* passant par son centre. Le contour de la poulie est creusé en une gorge plus ou moins profonde, de manière à recevoir une corde. En tirant cette corde par un bout, on fait avancer un fardeau attaché à l'autre bout. Il y a aussi des poulies qui sont mobiles, c'est-à-dire qui avancent ou reculent, tout en tournant sur leur axe.

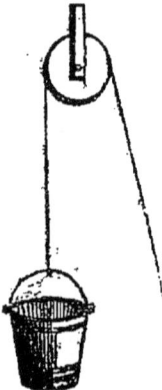

Une *moufle* est formée de plusieurs poulies em-
brochées sur deux axes. Une corde passe
sur toutes ces poulies, et donne beaucoup de force pour soulever les fardeaux.
Ainsi, par exemple, s'il y a trois poulies sur chacun des deux axes, il y aura
six cordons allant de l'un à l'autre ; et
chacun de ces six cordons supportant le
même poids, on voit qu'il suffit alors
de tirer la corde avec une force six fois
moindre que si on soulevait le fardeau
sans l'emploi de la moufle. Il y a aussi
des moufles où les poulies sont toutes
placées au-dessous les unes des autres.

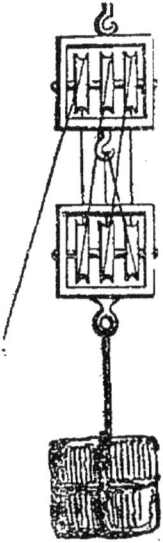

Un *treuil* est un cylindre sur lequel s'enroule une
corde, et que l'on fait tourner avec une espèce de
bras appelé *manivelle*. Alors
la corde s'enroule ou se
déroule, selon qu'on fait
monter ou descendre un
corps attaché à son extrémité. On gagne de la force
en agrandissant la mani-
velle, ou en diminuant la
grosseur du cylindre.

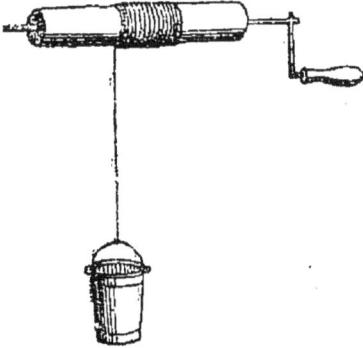

C'est par la réunion des machines simples qu'on
fait les machines composées, comme les pendules
et les montres, les moulins, les métiers à filer, à
tisser, les machines à vapeur, etc. Au moyen de ces
machines, l'homme facilite ses travaux les plus pé-
nibles.

63ᵉ LEÇON.

MACHINES COMPOSÉES.

Les machines sont un bienfait pour l'homme. En multipliant ses forces, qu'elles remplacent souvent totalement, elles lui procurent plus de loisir et plus d'aisance. Voilà pourquoi les pays civilisés sont ceux où il y a le plus grand nombre de machines et, par conséquent, le plus d'aisance en général. Car, bien qu'en apparence les machines paraissent retirer du travail aux bras, elles multiplient cependant les produits à un tel point, qu'en définitive il résulte pour tous une aisance infiniment plus grande. En Turquie, par exemple, et dans une grande partie de la Russie, il n'y a pas de machines; aussi les hommes ont-ils à peine des vêtements pour se couvrir, et ils sont privés de presque toutes les aisances de la vie, dont on jouit dans les pays plus civilisés. La machine à vapeur, perfectionnée depuis quarante ans environ par l'Anglais Watt, produit surtout les plus grands et les plus heureux résultats : elle s'emploie aussi bien pour filer les aiguilles que pour forger les ancres des plus gros vaisseaux.

En Angleterre, les machines sont tellement multipliées, qu'elles font maintenant le travail de plus de dix millions d'hommes.

64ᵉ LEÇON.

Suite des MACHINES COMPOSÉES.

L'eau réduite en vapeur, lorsqu'elle est fortemen chauffée, acquiert une force d'autant plus considérable que la chaleur est plus grande. Si une marmite était parfaitement fermée par son couvercle, quel que fût le poids qu'on mettrait dessus, l'eau renfermée dans la marmite, se changeant en vapeur, soulèverait ce couvercle, ou bien les parois du vase éclateraient. Un canon du plus gros calibre rempli d'eau qu'on ferait fortement chauffer, lancerait un boulet avec autant de force que pourrait le faire de la poudre, ou bien il éclaterait s'il était trop fortement bouché.

C'est à l'observation de ce fait qu'est due l'invention de la machine à vapeur, qui sert maintenant à faire marcher rapidement les vaisseaux sur la mer ou les bateaux sur les rivières, à traîner les voitures sur des routes en fer avec une vitesse bien supérieure à celle d'un cheval au galop.

Appliquées aux diverses industries, les machines aident l'homme à filer le coton, le lin et la laine, et à rendre les tissus si communs et d'un prix si peu élevé, que maintenant presque tout le monde porte des bas et de bons vêtements, qu'autrefois les gens très-riches portaient seuls.

C'est ainsi que l'homme a tourné tout à son avantage dans la nature, même les poisons, dont la médecine fait, dans certains cas, des remèdes utiles. Nous allons passer en revue un certain nombre de ces heureux résultats auxquels l'industrie humaine est successivement parvenue.

65ᵉ LEÇON.

LES TISSUS.

La *corde*, la *ficelle* et le *fil* se font avec l'écorce du chanvre.

La *toile* ordinaire se fait avec du fil de chanvre ou de lin.

Le *coton* est produit par des arbrisseaux. On le file pour faire la percale et le calicot.

La *laine* que fournissent les moutons sert à fabriquer le drap, les couvertures de lit et les tapis.

La *soie* est produite par de petits vers ou chenilles, qui se changent en chrysalides et se transforment en papillons blancs; la coque de la chrysalide est la soie qu'on dévide.

66ᵉ LEÇON.

LE PAPIER, LES CRAYONS, L'ENCRE, ETC.

Les feuilles de papier se font avec de vieux chiffons de toile pourris, broyés, réduits en pâte, étendus sur une sorte de tamis, puis serrés entre des morceaux·de gros drap.

Le carton se fait avec le rebut des chiffons, auquel on ajoute des chiffons de laine et même de la terre.

L'encre à écrire est formée avec le *vitriol de fer*, la *noix de galle*, le *bois de campéche*, la *gomme* et l'*eau*. L'encre à imprimer est composée de noir de fumée broyé avec de l'huile épaissie par la cuisson et du vernis.

Les plumes d'oies et de corbeaux servent à écrire. On les dégraisse avec de la cendre chaude.

Les crayons de bois, appelés improprement *crayons de mine de plomb*, sont un composé de charbon uni à un peu de fer. Les crayons noirs sont faits avec du noir de fumée et de la terre argileuse; les crayons rouges avec de l'*ocre*. Les crayons blancs sont faits de la craie, telle qu'on la rencontre dans la nature.

On fait les *couleurs* avec certaines terres broyées, et au moyen de certaines plantes qu'on chauffe dans des cuves avec de l'eau.

Un insecte du Mexique, la *cochenille*, qu'on fait mourir dans l'eau bouillante, donne le *carmin :* c'est le plus beau rouge que l'on connaisse. Le *kermès* est aussi un insecte qui donne une belle couleur rouge tirant sur le violet.

Le drap se teint en bleu avec l'*indigo*, couleur extraite des feuilles d'une *plante* que l'on cultive surtout en Amérique. La soie prend une plus belle couleur par le *bleu de Prusse*.

Le drap se teint en écarlate au moyen de la *cochenille*. Le rouge ordinaire s'obtient avec la racine de *garance*.

Le *bois de Brésil* donne du rouge.

Le *bois d'Inde* et l'*orseille* donnent du violet.

Le jaune se fait avec la *gaude* et le *quercitron*.

Le noir se fabrique avec les sels de fer, la noix de galle et le bois de campêche.

67ᵉ LEÇON.

LES TÉLÉGRAPHES.

Un télégraphe est une mécanique placée de distance en distance sur des lieux élevés, et destinée à transmettre au loin, en très-peu de temps, par des signaux convenus, les nouvelles urgentes.

On est redevable à Chappe du système actuel des télégraphes, qu'il inventa en 1791.

La correspondance par signaux était connue des anciens; mais ce qui distingue les télégraphes modernes, c'est que, par la combinaison des signaux, ils forment les caractères d'un langage complet, et permettent d'annoncer des nouvelles fort compliquées.

On a imaginé de nos jours un moyen de communication bien plus rapide encore; c'est le télégraphe électrique. Au moyen d'un fil de cuivre ou de fer qui communique par une de ses extrémités avec un réservoir d'électricité, on établit un courant électrique qui met en mouvement une aiguille placée à l'autre extrémité du fil et qui tourne sur un cadran où sont marquées les lettres; on transmet ainsi des nouvelles avec une étonnante rapidité.

68ᵉ LEÇON.

LES CHEMINS DE FER.

Les chemins de fer ont été exécutés pour la première fois en Angleterre en 1824.

Les chemins de fer ne sont pas des routes pavées en fer; ce sont de simples barres de fer, nommées en anglais *rails*, soutenues de distance en distance par des dés en pierre, ou par une solive de bois dur, et éloignées l'une de l'autre de la largeur des chariots.

Ces chariots ont des roues en fer qui s'emboîtent exactement dans les rails, et roulent avec une facilité surprenante, en sorte qu'un homme seul fait marcher un chariot pesamment chargé, et qu'un cheval traîne huit ou dix de ces chariots attachés ensemble. Ils peuvent aussi être mis en mouvement par des machines à vapeur. Une seule de ces machines peut faire mouvoir jusqu'à trente chariots chargés chacun de 1000 kilogrammes. Des voitures remplies de voyageurs font, terme moyen, 40 kilomètres par heure. Sur ces chariots, on transporte maintenant avec promptitude et économie les bœufs, les cochons, les moutons, la volaille, etc. Les chemins de fer doivent être disposés sur un terrain aussi uni qu'il est possible.

Les principaux chemins de fer de la France sont aujourd'hui ceux de Paris à Rouen et au Havre, de Paris à la frontière du nord, de Paris à Strasbourg en passant par Nancy et avec embranchement sur Metz et la frontière de Prusse, de Paris à Lyon et à Marseille, de Paris à Orléans avec prolongement sur Bourges, Nevers et Moulins, de Paris à Nantes, de Paris à Bordeaux, de Paris à Chartres. D'autres chemins de fer sont en cours de construction, et, dans quelques années, la France sera sillonnée, dans tous les sens, par ces routes merveilleuses.

69e LEÇON.

PRAIRIES ARTIFICIELLES*.

Franklin n'était pas seulement un des savants les plus distingués de son siècle, c'était encore un homme de bien, sans cesse occupé du soin d'enrichir son pays des meilleures institutions et des procédés agricoles et industriels les plus économiques.

---

* Cette anecdote a été racontée à l'auteur de l'article par un des amis de Franklin.

Né en 1706, à Boston, dans les États-Unis d'Amérique, il rendit d'immenses services à cette partie du nouveau monde; aussi sa mémoire y est-elle en vénération, et l'Amérique tout entière s'honore-t-elle d'avoir donné le jour à un homme aussi éminent en savoir et en bonté.

Franklin aimait surtout à faire des expériences qui promettaient d'utiles applications : il venait de se convaincre que si l'on répandait du plâtre en poudre sur des prairies artificielles, comme cela se faisait en Europe, elles donneraient des récoltes beaucoup plus abondantes que par les procédés ordinaires. Loin de garder pour lui ce nouveau mode de culture, il s'était hâté de le publier; il le racontait même à qui voulait l'entendre, et se flattait de l'espérance de le voir promptement adopter, heureux d'augmenter le bien-être de tous ceux qui l'entouraient. « Voyez, disait-il à ses voisins, comme mes champs de luzerne et de trèfle sont beaux, il ne tient qu'à vous d'en avoir de pareils; faites de même, vous doublerez vos produits. »

Mais ses voisins, malgré la confiance qu'il leur inspirait, ne pouvaient croire qu'un peu de poussière de plâtre, semée sur les feuilles naissantes du trèfle et de la luzerne, fût capable de produire des effets aussi surprenants; ils les attribuaient uniquement à la fécondité du sol. Rien ne pouvait vaincre leur indifférence ou leur incrédulité.

70ᵉ LEÇON.

Suite des PRAIRIES ARTIFICIELLES.

Tout autre que Franklin eût renoncé à son projet :

lui, au contraire, s'y attacha plus que jamais. Faire du bien à ses semblables, et leur en faire même malgré eux, était un problème qu'il voulait résoudre, et qu'il résolut en effet. Il imagina de tracer dans la pièce de luzerne d'un des plus incrédules, au moment de la première pousse des feuilles, de grandes lettres avec du plâtre en poudre. Bientôt l'herbe poussa en cet endroit plus qu'à côté, et produisit des touffes régulières et élevées, que l'œil distinguait aisément, et qui permettaient de lire ces mots : *Effet du plâtre.* A l'indifférence succéda la plus vive curiosité. De toutes parts on vint voir les lettres merveilleuses qui s'étaient développées d'elles-mêmes au milieu du champ ; on voulut répéter l'expérience, elle eut un plein succès, et dès lors l'usage de plâtrer les prairies artificielles se répandit rapidement dans la contrée.

71ᵉ LEÇON.

EMPANSEMENT OU MÉTÉORISATION.

Maintenant que l'utilité des prairies artificielles, bien appréciée partout, les a fait multiplier en France, il est bon de prévenir les habitants des campagnes contre l'inconvénient d'y laisser paître les bestiaux lorsque l'herbe en est mouillée par la pluie ou couverte de rosée. Les bœufs, les vaches, les chevaux et les moutons sont alors atteints en peu de temps d'une maladie qu'on appelle *empansement* ou *météorisation ;* ils enflent au point de ne plus pouvoir marcher ; bientôt ils tombent et périssent. On a vu des troupeaux de vaches périr ainsi tout entiers en moins de deux heures.

L'empansement est dû à la formation d'une grande quantité de gaz, qui gonfle l'animal comme une vessie dans laquelle on soufflerait de l'air.

Mais il est, contre cette maladie, un remède dont on ne saurait trop répandre la connaissance : c'est de faire avaler à l'animal un grand verre d'eau auquel on aura mêlé une cuillerée d'*ammoniaque* ou *alcali volatil*, si c'est une vache ou un bœuf; le quart de cette dose suffira pour un mouton. Presque aussitôt que le remède est administré, on voit l'animal désenfler.

L'ammoniaque est un liquide dont l'odeur est très-forte, et qui se vend chez tous les pharmaciens. On doit le conserver à la cave dans un flacon bien bouché.

FIN.

.Paris. — Imprimerie de Ch. Lahure et Cⁱᵉ, rue de Fleurus, 9.

EXTRAIT DU CATALOGUE
DE LA LIBRAIRIE DE L. HACHETTE ET Cⁱᵉ.

PETITE BIBLIOTHÈQUE DES ÉCOLES PRIMAIRES.

Iʳᵉ Série. — OUVRAGES D'UNE FEUILLE IN–18 (36 PAGES).
Prix : brochés, 10 centimes; cartonnés, 15 centimes.

Alphabet. — Histoire moderne. — Histoire naturelle (Plantes; Minéralogie; Géologie), 1 vol. — Inventions et découvertes, 1 vol. — Livre de prières. — Modèles typographiés des cinq genres d'écriture. — Récits moraux. — Traité d'arpentage. — Traité de chimie. — Traité de mécanique.

IIᵉ Série. — OUVRAGES D'UNE FEUILLE GRAND IN–18 (36 PAGES).
Prix : brochés, 15 centimes; cartonnés, 20 centimes.

Arithmétique. — Choix de Fables. — Géographie de la France. — Géographie générale. — Grammaire française de Lhomond. — Histoire ancienne. — Histoire et morale de Jésus-Christ. — Histoire romaine. — Histoire sainte. — Lectures dans les manuscrits. — Notions de calcul. — Poids et mesures (les) du système métrique. — Rois de France (les). — Traité de morale religieuse.

IIIᵉ Série. — OUVRAGES DE DEUX FEUILLES IN–18 (72 PAGES).
Prix : brochés, 20 centimes; cartonnés, 25 centimes.

Bonheur (le) par le devoir. — Catéchisme (petit) historique, par Fleury. — Civilité chrétienne. — Connaissances (premières). — Eléments de chronologie. — Histoire d'Allemagne. — Histoire d'Angleterre, d'Ecosse et d'Irlande. — Histoire d'Espagne. — Histoire de Portugal. — Livre de prières. — Œuvres choisies de Franklin. — Précis de l'histoire d'Alsace. — Précis de l'histoire de Bourgogne et de Franche-Comté. — Précis de l'histoire de Champagne. — Précis de l'histoire de Flandre, d'Artois et de Picardie. — Précis de l'histoire de Lorraine. — Premier livre de lecture. — Prieur (le) de Chamouny, fragments de morale. — Récits des prix Montyon, 2 vol. — Tablettes chronologiques de l'histoire ancienne.

IVᵉ Série. — OUVRAGES DE DEUX FEUILLES GRAND IN–18 (72 PAGES).
Prix : brochés, 25 centimes; cartonnés, 30 centimes.

Histoire de l'Empire Ottoman. — Histoire de Russie. — Histoire d'Italie. — Histoire de Charles Renaud, ou le Conscrit de 1812. — Histoire de Prosper Brinquart, suivie de quelques préceptes d'hygiène et de diverses curiosités instructives. — Histoire naturelle et économique des principaux animaux domestiques. — Lettres à mes enfants sur l'histoire de France. — Modèle de l'apprenti. — Morale en action. — Mythologie. — Science (la) du bonhomme Richard. — Traité de la conjugaison des verbes.

Paris. — Imprimerie de Ch. Lahure et Cⁱᵉ, rue de Fleurus, 9.

www.ingramcontent.com/pod-product-compliance
Lightning Source LLC
LaVergne TN
LVHW051502090426
835512LV00010B/2297